安奈淳スタイル

安奈淳

撮影：藤尾茉莉安／友澤綾乃

安奈淳スタイル

はじめに

2018年の10月ごろ、エッセイ集を出さないかと突然のお話しが……。

あまり深く考えずに（何事もよく考えない性格です）、「はい」とお返事してしまったものの本当にできるのかと……。

72年間生きてきてさまざまな出来事がありました。

13年間の宝塚生活、その後の世界でのお仕事、結婚して離婚、恋もして。

そして、大病。

いつ死んでもおかしくなかったのに、今ステージに立って皆さまの前で歌っている……。

不思議な気持ちです。

本文でも触れましたが、ここまで来られたのはたくさんの人の助けがあったからこそ。

お礼もろくに申し上げず、今になって感謝しても遅いかもしれないけれど、皆さまの支えがあって私は生きています。
言葉では言い尽くせないけれど、本当にありがとうございました！

58歳でこの世を去った、母の分も生けなければ。

「時」って残酷。
だけど生きている証でもあります。
知らないうちに年を重ね、色んなものが削ぎ落されどんどん裸になっていく。
その寂しさと裏腹に心地良さは、この年齢になってみないと分からないのです。
日々ほとんどの習慣は変わらず淡々と時は過ぎていく。
何の予定もなくお化粧もせず、食事をして片付けて。
昨夜干しておいた洗濯物を取り入れ、アイロンがけ。
合間にＴＶをチラ見してニュースや天気予報を知る。
この何気ない時間がこの上なく幸せなのです。
私は難病を抱えてはいるけれど、今のところ元気に過ごしている。

何という、ありがたいことか！

母も同じ病気で、その時代病名はもちろん、原因も治療法もまったく分からずに苦しんだ揚げ句、58歳という若さでこの世を去りました。

母が病床でつぶやいた一言。

「まだ死にたくない……」。

この言葉は今も私の心の隅に引っかかっています。私はその母の分も生きなければ。

歌は私の命。

17歳で宝塚歌劇の舞台を踏み、30歳で退団。

か細い身体でよく頑張ったと今でも思います。

そのツケが回ってきたのか、すぐに肝臓の病を発症して危うく死にかけて……。

数年前に待ちに待った特効薬が認可され副作用で苦しい半年だったけれど、見事に完治しました。

本当に医学の進歩は目覚ましい。

ほかにも心臓弁膜症を患ってはいますが、2、3年後には手術をし、また元気になって歌う。それが目標！


歌は私の命。

呼吸をするのと同じです。

歌っているときは、その歌の主人公になりきり、喜び悲しみ、怒り、希望……。さまざまな感情を数分の間に体験するのです。


若いときにはこんな深い思いはなかったけれど、今になってこの複雑な心の動き、他人の人生に入り込み男になったり女になったり、あるときは戦場に駆り出される若い男、叶わぬ恋に身を焦がす哀れな女。

目の前にその情景が浮かび上がり、あたかもその場に存在しているかのような錯覚……。

全身の細胞がざわざわ泡立つような不思議な感覚を味わいます。

約10年以上の闘病生活では声がまったく出なくなり引退も考えたけれど、体調が少しずつ元に戻りボイス・トレーニングに希望が持てるようになったとき、また自然に歌いたい気持ちが心の底から湧いてきたのです。

古希のコンサートでは初めて自分で企画し、友人たちに助けてもらいながら憧れの銀座ヤマハホールで開くことができました。

これが最後のソロ・コンサートだと思っていたら、思いがけず神戸でも！

運の良さとタイミングが重なって無事終えることができて感謝感謝！

しんどいし、楽になりたい。でも、歌い続けたい。

そして、今……。

一応元気に歌えることで仕事も増え、日々記憶力の低下した脳を叱咤激励しながら過ごしています。

正直言うとしんどいし、楽になりたいという甘えた心はいつもあります。

でも、これをやらないと私は駄目になる、あっという間に老けてしまうという恐怖心が私を突き動かしているのです。

それでも歌が大好き！

聴いてくださる方がいる限り歌い続けていきたいのです。

目次

第一章

生きるということ

お召しになる物や住まいなどよく知らないけれど、亡くなった樹木希林[※1]さんのことを垣間見ると少し似ているところがあるのかも……。

心の贅沢はあっても、実際には贅沢ということには関心がありません。

宝石や高価な調度品、ブランド物も要らないし……。

何しろ物の少ないことに憧れています。

究極は一休さん!?

普段着る物は質さえ良ければ色も決まった色しか身に着けないし、気に入れば何年も着続け、履き続けている靴もあります。

大体ひどい外反母趾で履ける靴は少ないし……。

40代では似合っていた物が50代になると似合わなくなる。

まして70代になった私には似合う物が、いえいえ、着られる物が激減してしまいました。

そんなことを言わずに冒険すれば? って言われそうですが、そんな気持ちはさらさらありません。

普通が一番！ 清潔でピシッとしてて爽やかな印象であれば。

これまで色々な物を着て、そして楽しんできました。

もう十分なのです。

もっともっと数少なく、良質のTシャツやYシャツ、セーターやパンツが夏冬で数枚あれば最高です。とはいえ、なかなかそうはいかないけれど……。

あと何年生きられるかは神のみぞ知る。

だけど、もしかしたら急に派手な格好がしたくなるかもね。

あぁ疲れたとベッドに寝転ぶ……これ以上の幸せは、ない。

父は2年前に97歳で亡くなりました。

長生きはおめでたいけれど、生きることのつらさやしんどさは、それこそその年齢にならないと分からない。

自分の身の回りのことが自分でできなくなる。

考えていることがうまく話せなくなる。

何事にも興味がなくなり、動きたくなくなる……。

そうなったらどうしようかと考えることがあります。

まだ起きてもいないことを思い煩う人間の愚かさでしょうか。

毎日何とか元気で食事ができて片付けもして、あぁ疲れたとベッドに寝転ぶ……。

これ以上の幸せはないのかもしれません。

「忘れる」と「嫉妬」

私は30代で結婚しました。

病気で入院していたときに毎日お見舞いに来てくれた人とです。

1年ほどで破綻し3年後に別れました。

その人には申し訳ないけれど、それもいい経験だと。

その後、何度か恋をしました。

楽しいことやつらいこともあったけれど、今になってみると全てぼんやり霧の中。

そのときは夢中だったはずだったんだけど、人間って「忘れる」っていう素晴らしい機能を持った生き物なのです。

人は生きている以上、誰しも色々な感情を経験します。

一番嫌なのは「嫉妬」。
恋愛だけじゃなく、他人のことに対しても抱くどうしようもない感情。
ありがたいことに年と共に薄らいでいきます。
あくまでも私個人のことですが……。
でも時たま顔を出す悪感情には自分自身が悲しく、恥ずかしくなるのです。
それがまったく消えたとき、それは死ぬときなのかもしれません。

父は無理してオルガンを買ってくれた。

今年73歳になります。
これまで沢山の方たちに心身共にお世話になり助けられてきました。
どんなにお礼を申し上げても言葉に尽くせません。
人は決してひとりでは生きていけない。
重々分かっているのに、時に人は自分ひとりで頑張っているのだと勘違いします。
時がくれば必ず分かるのに……。

幼いとき父は無理をして中古のオルガンを買ってくれました。

それから幾年か過ぎ、今度は中古のピアノを。

私に過度な期待を寄せているのが子ども心にも感じてしんどかった記憶があります。

母は宝塚に入りたかったけれど親の反対で思いを果たせず、私が生まれたときには両親共にきっといつかと、思ったかもしれません。

私の勝手な想像ですが……。

6歳になると近所のピアノの先生宅へ通うことに。毎日自宅でバイエルの教則本とにらめっこ。

また、父は世界少年少女文学全集を買いそろえてくれました。

これは、すごくうれしかった！

本当に無理をして買ったのでしょうね。

お陰で読書好きな子どもに。

中に載っていたヨーロッパの詩にメロディを付けピアノで歌っていました。

その後、宝塚に入団したことは両親にとってこの上ない喜びだったと思います。

子どもの頃に描いた夢。
20歳の頃の夢。年々夢の形は変わっていきます。

50歳で発症したときには、もはや夢などなく、ただ毎日生きることで精いっぱい。
こんなつらい思いをするなら死んだほうがマシと思ったことも。
病院に担ぎ込まれたときには余命3日！
今夜がヤマと言われ、お葬式の準備をした方がと、友人たちは言われたそうです。
思考能力もなくなり、なぜか父にも妹にも知らせるなと言ったとか……。
それが10日ほど生死の境をさまよった結果、奇跡的に息を吹き返したのです。
まさに奇跡の人！
ドクターもびっくり！
それからの長い闘病生活。
まな板の鯉状態で色々な検査や治療を試していただき、徐々に回復していきました。
ドクターいわく「いい研究材料になった」と。

少しは医療の進歩に役立ったのでしょうか。母も同じ病気だったと知ったのは、しばらくしてからです。

もっと早く治療法が見つかっていれば……。

仕方ないですね。でも難病とはいえ、確実に「膠原病」は恐ろしい病気ではなくなったようです。

どんな病気でも早期発見が大切です。

私のようにギリギリになってからでは間に合いません。

タカラジェンヌは総じて我慢強い！

いい意味でも悪い意味でも……。


子どもの頃から太ったことがなく、小学生のときには袖なしの服を着ると「ゴボウみたいや！」と細い手足をからかわれるので、夏がくるのが嫌で嫌で……。

『ベルサイユのばら』の頃は46キロくらいあったのに、今はせいぜい43キロくらい。

もっと太りたい！

年をとってからの細身はやっぱり貧相に見えるし、少しふっくらしている方が素敵だと思います。

世の中、痩せたいとダイエットに励む人が多いけれど、何とかして太りたいと悩みを持っている人もいるのですよ！

友と一緒に食事を。本当にありがたいです。

朝食は薬を服用するので必ず摂ります。
毎朝、同じメニュー。
サラダにベーコン、卵。
トーストに豆乳入り紅茶。
あれば果物を。
お昼は麺類が多いかな。
夜はもちろん外食もするけれど自炊がほとんどです。
結婚していた頃は色々と作ったけれど、独りだといい加減になりがち。
これじゃぁ、また痩せちゃう。

友人に来てもらって一緒に食べてもらう。

食べさせないといけないと思うと、いい加減ではいけないから、何品か作ってお喋りしながら時間をかけて食事をする。

すると知らないうちに沢山食べられるのです。

アルコール類は一切ダメ。

だからお茶を飲みながらね。

少しでも飲めればいいのでしょうが。

一緒に食事をしてもらえる人たちがいるのは、本当にありがたいです。

※1　樹木希林　1943年1月15日—2018年9月15日。1973年にロック歌手・内田裕也と結婚。娘は内田也哉子。1961年から文学座に所属し、悠木千帆の名で活動を始める。文学座退団後は、テレビドラマ『七人の孫』（1964年）にレギュラー出演。70年代ドラマ『時間ですよ』『寺内貫太郎一家』で、お茶の間の人気者に。1977年、樹木希林へ改名。晩年は、数多くの是枝裕和監督作品に出演し名バイプレーヤーとなった。

第二章

時代をみつめて

今の時代「LGBT」という言葉も当たり前に使われるようになったけれど、本来人間には男と女しか存在しないと言われていました。

でも、男でも女でもない人もいるのです。


一昔前にはそんな性は認められず、ひた隠しにしなければ生きていけない存在でした。

それが今ごく普通にマスコミに登場し、自分のことを赤裸々に話すことができる。

素晴らしいことです！


最近、有名なミュージシャンの映画を2本続けて観ました。

[※2]QUEEN（クイーン）の[※3]フレディ・マーキュリーと、[※4]エルトン・ジョンの人生を描いたものです。


2人の心の葛藤は想像以上の苦しみ、悲しいもの……。

フレディの歌手としての魅力は誰もが認めるけれど、彼の最後の姿は「エイズ」という病の恐ろしさを世に知らしめたのです。

エルトン・ジョンは、まだまだ健在で心許せるパートナーを得て幸せな人生を送っているとか……。

ちなみにエルトンとは同い年！

何かうれしい……。

2人共、私が若い頃からのファンで、特にエルトンの曲は宝塚の舞台でも使われました。

『ザ・レビュー』の一場面。

白い鳥の精になって、相手役の北原千琴[※5]ちゃんと踊りながら歌った『悲しみのバラード』。

今でも時々ピアノを弾きながら口ずさみます。

音楽って不思議な力とエネルギーを持っている。

私は歌うことによって健康を取り戻し、生きる力を得ました。

生きている限り歌い続けなければという使命感があふれてきます。

独りよがりかもしれないけれど、私の歌を聴いて少しでも元気に、幸せな気持ちになっていただければどんなに嬉しいか！

歌えることに感謝です。
あと10年は何とかして歌えますように……。
それには努力がかかせません。
頑張って、という言葉はあまり好きじゃないけれど、やっぱりガンバル!!

フレディ・マーキュリー　写真：Mirrorpix/アフロ

※2　QUEEN　イギリス・ロンドン出身のロックバンド。1973年7月、デビュー・シングル『炎のロックン・ロール』を収録した1stアルバム『戦慄の王女』を発表。その後も、4枚目のアルバム『オペラ座の夜』（1975年）が全英1位を獲得。1991年にマーキュリーが死去、ジョン・ディーコンが1997年に引退。現在はブライアン・メイとロジャー・テイラーに、アダム・ランバートが加わり活動している。

※3　フレディ・マーキュリー　1946年9月5日―1991年11月24日。QUEENのボーカリストで、シンガー・ソングライター。『ボヘミアン・ラプソディ』『キラー・クイーン』『伝説のチャンピオン』などの作詞作曲も手掛けた。1985年には、完成まで2年近くを費やし全てを作曲したソロ・アルバム『Mr. Bad Guy』を発表。ロック界最高のボーカリストとして、その名を轟かせたが、1991年に45歳の若さでこの世を去った。

※4　エルトン・ジョン　1947年3月25日―。歌手、ピアニスト、作曲家。1968年『I've Been Loving You』でデビュー。70年代前半『ロケット・マン』など多数のヒット作を発表。『キャプテン・ファンタスティック』（1975年）では、全米ビルボードのアルバムチャート史上初の初登場1位を記録。ダイアナ妃に捧げたシングルは、全世界で3、700万枚以上を売り上げた。1998年、長年の功績を認められナイトの称号を与えられた。

※5

北原千琴　元宝塚歌劇団花組トップ娘役。幼少期より少女雑誌のモデルとして活躍。1971年、57期生として宝塚歌劇団に入団。花組公演『花は散る散る／ジョイ！』で初舞台を踏む。1974年『ベルサイユのばら』にて、少女時代のマリー・アントワネットに抜擢。1978年には『風と共に去りぬ』の新人公演で、主演のスカーレット・オハラを演じる。1979年7月の退団後は、劇団四季の舞台に立つが結婚し引退。

第三章

生命

人との出会い、一期一会と言うけれど、生まれてこの方いったい何人の人と関わり合ってきたのでしょう。


縁のある人とは死ぬまでつながっているかもしれないけれど、知らないうちに疎遠になった人、長い間会っていなかったのにいつの間にかまたつながっていたり、それが肉親であっても同じかもしれません。

考えるとこの地球上には何億の人間が存在するのに、自分と関わる人はごくわずか。

各々個性が違い、考え方や好みも違います。

まったく同じなんて有りえないでしょ。

でも、価値観の似通っている人はいます。

同じ事柄に感動したり怒ったり。

例えば私は犬や猫たちが大好きです。

人間は色んな駆け引きができるけど、彼らは無償の愛で人間に接します。

こちらが与えた分それに答えてくれる。

「生命」って生きているもの全てに宿ります。

それが植物であっても。

昔、小さなシクラメンの鉢を頂いたことがあります。

最初はしょんぼりしていたシクラメンのはかなげなピンクの花。

水をあげる度に、「元気になって！」と声を掛けていたら、だんだん生き生きしてきて「あぁ、私の声が届いたんだ」と嬉しかった思い出があります。

植物にクラシック音楽を聴かせると成長が早いとか。

反対に生きるものには「寿命」があります。

私は何度も死にそうになったけれど、やっぱり寿命がまだあって今日まで生きています。

しぶといと言われますが……。

若くして亡くなる人は本当に残念で無念だけど、私の心の中ではその人の寿命が尽きたのだと思います。

そう考えると、この世での苦しみは終わり、また来世で幸せに生きることができるのだと。

だから寂しい気持ちはもちろんあるのだけど、あんなに頑張って生きたのだから楽になって良かったと思うようにしています。

人間である以上、誰でも平等にいつかあの世に召されていく……。

生まれた以上幸せな人生を全うしたいという心は誰にでもあるはずです。
どういう生き方をしようと、幸せだと感じるのは誰でもない自分自身なのです。
他人に迷惑さえかけなければ自分の思う通りに堂々と生きていきたいのです。

17歳から30歳まで、本当にタカラジェンヌで良かった、本当に。

大先輩の越路吹雪[※6]さん、深緑夏代[※7]先生を目標にシャンソンを歌い続けてきました。
ひとつのシャンソンを何度も繰り返し歌いますが、歌うたびに新しい発見と感情が湧いてきて、今さらながらシャンソンの奥深さを感じずにはいられません。
これが年齢を重ねる醍醐味なんだと思います。

次々と色んなジャンルの新しい歌が作られていくけれど、私が最後に行きつくのはやっぱりシャンソンだと！

毎年「宝友会」というOGの集まりが東京と関西で開催されます。

東京の会には3年前から参加していますが、いつも200人以上のOGが集結！

まぁ、そのにぎやかなこと！

もちろん女ばかりだから、お察しはつくと思いますが……。

とにかくタカラジェンヌはいくつになっても若いし元気ハツラツ！

90代の先輩方もおいでになるし、まだまだ私などひよっこだと思います。


宝塚歌劇団にいた13年間は、私にとって人生の大部分を占めます。

人間やってできないことはないのだと教えられたのも宝塚。

17歳から30歳まで、親よりも長い時を一緒に過ごした生徒の皆さん。血のつながりはないけれど姉妹のような関係。本当にタカラジェンヌで良かったとつくづくと思うのです。

※6　越路吹雪　1924年2月18日—1980年11月7日。シャンソン歌手、舞台女優、元宝塚歌劇団トップスター。1937年、27期生として宝塚歌劇団に入団。1939年の月組公演『宝塚花物語』が初舞台。1946年の花組公演で主演した『ミモザの花』が好評を博くし、『ブギウギ巴里』でレコードデビューも果たす。退団後は、東宝のスター女優として活躍。シャンソン歌手としては、名曲『愛の讃歌』（1952年）で大ヒットを飛ばした。

※7　深緑夏代　1921年9月24日—2009年8月31日。シャンソン歌手、宝塚歌劇団シャンソン講師、元宝塚歌劇団花組トップ娘役。1935年、25期生として宝塚歌劇団に入団。1936年に『バービーの結婚』で初舞台を踏む。1947年以降、越路吹雪とは名コンビとして数多くの作品に主演。1955年に退団後は、シャンソン歌手として活動。1966年には、宝塚歌劇団のシャンソン講師に就任し、多くの教え子を世に輩出した。

第四章

日常の中で

私の趣味は掃除と片付け。この時間はひたすら無心で没頭できるのです。

小さな部屋だけど、何がどこにあるのかほとんど把握しています。緊急入院したとき、手伝ってくれる人に「あれはあの引き出しの何段目の右端」とか、事細かく伝えることができました。

だから極力物を少なく整理整頓しておかなければならないのです。手紙類や写真なども随分整理しました。

捨てるときは目をつぶって、「えいっ」とばかりにゴミ箱へ。

着なくなった古い服も思い切ってジョキジョキとハサミを入れます。長年愛用した物ですから、そのときは心の中で「ご苦労さま」とつぶやいて、小袋を作ったり雑巾にしたりしてなるべく使い切ります。

まだ着られるけれど似合わなくなった物は、どなたかに着てもらいます。

服にも靴にも寿命があって、それが尽きたときには心おきなく「さようなら！」。

気に入った物などは40年以上着ているし、靴は何度もメンテナンスをして履き続けています。

友人宅にて

第五章

幼少期のおはなし

最近、親戚から戦時中の写真、何と父と母の結婚式の写真が見つかったと、送ってくれました。

私も妹も見たことがない写真です。

列席している人たちはモンペや国民服。

でも、私たちの生まれる前の優しげな母と端正な父の幸せそうな写真を見ると、何か心がほっとしました。


父は２０１８年の12月、97歳の天寿を全うすることができました。

大病を何度かした私でしたが、父より早く死ぬという親不孝をせずにすんで何よりと思っています。

大変なこともあったでしょうけれど、父は幸せな人生を送ったのではないでしょうか？

父の趣味は俳句でしたが、祖父が俳人の高浜虚子[※8]先生と親しく、父がその膝に乗った写真もあります。

生涯、俳句を愛していたのでしょう。

父の故郷、実家は戸隠。

数百年続く宮司の家柄です。

春になって暖かくなり、私は半年近く自分の部屋に置いてあった父の遺骨を戸隠のお墓に納骨しました。


私の母は四国の出身。

物静かで、そして動じない人でした。悲しそうな顔を見たことがないくらい、いつも優しい笑みを浮かべている。

身体が弱く58歳で私と同じ膠原病という病で早逝した母でしたが、最期まで私は深い愛情に包まれていました。


小さい頃の写真を見ますと、私が着ている可愛い服、これ全て母が編んだ物、作ってくれた服。

手作りなのです。

この服を着て私はいつも独り遊びをしていました。

目立ちたくない、なるべくひそかにしていたい。

そして、あれこれ想像しながら絵を描いたり。

当時私も母に似たのか身体もあまり丈夫ではありませんでした。

年中風邪をひいたりして。


やがて父が中古ピアノを買ってくれました。

あの当時、中古とはいえ高価で手に入れるのに苦労したんじゃないでしょうか？

バイエル、そしてツェルニー、バッハのインベンション、これが難しくてね。

しかも弾いていてあまり面白くない、そこで辞めました。

妹も一緒に習っていたんです。

彼女は才能があったんですがあまりにも私が大変そうに見えたんでしょうね。

彼女もやがて辞めてしまいました。

そして、高学年になって毎週日曜日「宝塚コドモアテネ」という宝塚の子ども向けの教室でバレエを習い始めるんです。

母は実家が池田にあったからでしょうか、昔からの宝塚ファンでしたから娘の私を宝塚に入れたかったんでしょう。

幼心に母の思いを感じていました。

私、あまりバレエは得意じゃなかったし、好きでもありませんでした。

中学生になって、将来は絵描きになりたいと思っていたんですが、親戚で父の従兄に画家がいて、その方が「赤貧洗うが如く」という言葉をそのままの人生で、若くして亡くなりました。

そんなことがあったものですから、父に「絵描きだけは駄目だ」と強く言われまして、そこから「宝塚を受験しよう」と本気で思うようになったんです。
※この章は聞き書きとなります。

近所の公園で

自宅にて

※8　高浜虚子　1874年2月22日―1959年4月8日。本名は高浜清。俳人、小説家。1888年、同級の河東碧梧桐を介して正岡子規に兄事し、俳句を教わる。1891年に、子規より虚子の号を授かる。俳誌『ホトトギス』を継承して主宰、多くの門下生を育てた。生涯20万句を超える俳句を詠んだとされるが、現在活字として確認できる句数は約2万2千句であるといわれている。1954年に、文化勲章を受章した。

第六章

宝塚へ

1963年。私、梅花中学を卒業してすぐ宝塚音楽学校に入りましたから、今思えばまだ子どもです。

当時の宝塚は月組の作品を多く手掛ける内海重典先生[※9]。『華麗なる千拍子』で、もうセンセーショナルと言ってもいいくらいの斬新なショーを作られた高木史朗先生[※10]など、戦後の宝塚を支えた先生が大活躍されていました。

練って練って、そのときの組のトップのために宛てて書く。

そんな時代でした。

素晴らしい作品が生まれた時代でした。

私といえば、入団してからも遅刻の常習犯でのんびり屋。

あるとき「女子会」という生徒全員が集まる大切な会合に遅刻してしまい、それからは肝に銘じて遅れることがなくなりました。

今ではせっかちなのか、早め早めに行動するようになりました。

楽屋入りは一番遅く、帰るのはお客さまより早いくらいに楽屋を出てしまいます。上級生になってからも、緞帳が下りる瞬間、下りきらないうちに私がセンターからはけちゃうんですって……。

トップになるとショーのときのお衣装も豪華絢爛になるんですが、デザインの段階で「羽根はなるべく少なくして、私の周りの方に付けてあげて」とお願いするほど。

かちかち山みたいな薪の背負子に羽根を付けるんですが、私は好きではなかったですね。ブローチや指輪も、当時は自前だったんですが、私は普段からあまり持っていないし、飾りたてたくない、シンプルに見せる、シンプルに歌った方がお客さまに届くんじゃないかと思っていました。

これは今も変わりません。

※この章は聞き書きとなります。

自宅前にてパコと

※9　内海重典　1915年11月10日―1999年3月1日。大阪府大阪市出身。宝塚歌劇団の劇作家、演出家。1939年に宝塚歌劇団に入団。1941年『高原の秋』で演出家デビュー。1947年、春日野八千代、乙羽信子コンビによる『南の哀愁』、1949年に越路吹雪の『ブギウギ巴里』など立て続けにヒットを飛ばした。1987年には、勲四等瑞宝章を受章。演出活動から身を引くまで、数多くの作品に携わり歌劇団理事も務めた。

※10　高木史朗　1915年8月17日―1985年2月12日。兵庫県出身。宝塚歌劇団の劇作家、演出家。関西学院大学を卒業した1936年、宝塚歌劇団に入団。1940年に『太平洋』で演出家としてデビュー。『シャンソン・ド・パリ』『ボンジュール・パリ』などフランス的なミュージカルを次々と発表。その一方で、日本的なレビューにも力を注ぎ宝塚歌劇の戦後黄金時代を築いた。師と仰ぐ白井鐵造の評伝『レビューの王様』の著者でもある。

第七章

洋楽との出会い

私は戦後すぐの生まれですけれど、あの頃はテレビがまだなかったですからね、ラジオやSPレコードっていうんでしょうか、78回転の重いレコードでね、落としたら割れちゃう、そういうレコード。

父がよくジャズやアメリカのポピュラー・ソングを聴いていたんです。

針はダイヤモンドの針、同じレコードを何回も聴いてると擦り切れちゃうんです。

私も小さいのにそんなのを聴いて好きになりました。

歌謡曲はなく、ほとんどが洋楽でしたね。

たしか小学生のときでしたけど、ペレス・プラード[※11]の『マンボNo.5』も大流行して、一時期このリズムにはまりました。

先日ラテンの公演に出たときに懐かしく65年前のことを思い出しました。

それから『アニーよ銃をとれ』っていうベティ・ハットン[※12]の歌ね、あれ、まねして歌ったりしていたんですよ。

戦争が終わって、新しい時代の何ていうかエネルギーが世の中にあふれていました。

あの頃懐かしいですね。

ジャズといえば　昔、ジャズボーカルで水島早苗[※13]さんという方がいました。戦前から歌っていらっしゃる大御所の先生でしたけど、宝塚に教えにいらしてね、私、水島先生に習っていたんです。

水島先生は独特な教え方でシンコペーションというリズムの取り方、分かりやすく教えてくださいました。

先生は体調を崩されて亡くなってしまったんですが、私、先生が横になっているベッドのそばで歌って先生に駄目出しを受けたこともあったんです。

それくらい面倒を見ていただきました。

小さな頃から洋楽好きな私でしたけれど、宝塚に入ってからも相変わらず洋楽ばっかり聴いていました。

演出の先生が「何かいい歌、新しい歌ないかなぁ」とおっしゃると、ひとり梅田のレコード店に探しに行ったりして。

真帆志ぶき[※14]さん主役のショーだったと思うんですが、ジェームス・ブラウン[※15]の『It's a Man's

Man's Man's World』を提案したりとか。

当時は大阪のフェスティバル・ホールに海外から素晴らしい歌手が次々と来日して、それはもう素敵な歌を聴かせてくれたんです。

私も何度も行きました。

ジョニー・ハートマン[※16]、それから『太陽は燃えている』のエンゲルベルト・フンパーディンク[※17]！

ちょっと田舎っぽいんだけど、歌が抜群にうまいという個性的な方でしたね。

『思い出のグリーングラス』のトム・ジョーンズ[※18]のときなんて、最前列の席の切符が取れたんで、ワクワクしながら席に着いたら目の前に大きなアンプがありましてね、本当にがっかりでした（笑）

そういえば私、在団中に、東宝レコードでジャズのアルバムを出したことがあるんです。

ピアノと音楽監督は前田憲男さん[※19]。

メンバーの中で、今ご存命なのは猪俣猛さん[※20]くらいかしら。

ジャズなんてよく勉強していなかったのに、今思えばこんな素晴らしいメンバーで新人の私が録音したなんて生意気というか、恥ずかしいくらいです。

※この章は聞き書きとなります。

ベティ・ハットン「アニーよ銃をとれ」 写真：Album/アフロ

※11　ペレス・プラード　1916年12月11日―1989年9月14日。作曲家、ピアニスト、指揮者、バンド・マスター。1948年、ペレス・プラード楽団を結成。『マンボNo.5』『マンボNo.8』を発表すると、マンボが世界的なムーブメントとなりアメリカに進出。1955年に発表した『チェリー・ピンク・チャチャ』が、全米ヒットチャート10週連続第1位を記録。指揮をしながら踊るという独特な演奏スタイルが話題になる。

※12　ベティ・ハットン　1921年2月26日―2007年3月11日。女優、歌手。ブロードウェイの舞台出演を経て、21歳のときにパラマウント映画と契約。1950年に映画化された『アニーよ銃をとれ』で主演を務め、ミュージカルスターとしての地位を確立。1965年、テレビドラマ『ガンスモーク』のゲスト出演を最後に消息不明となる。その後、旧友たちの助けで1980年にミュージカル『アニー』の舞台に立ち演劇界へ復帰。

※13　水島早苗　1909年8月31日―1978年2月25日。鹿児島県出身。ジャズ・ボーカリスト。日本のジャズ草創期を代表する女性ボーカリストで、ダンスホール「フロリダ」で人気を博す。1957年に「水島早苗ボーカル研究所」を設立し、弟子にはマーサ三宅、金子晴美、佐良直美、伊集加代らがいる。代表曲は『You've Got A Friend』で、アメリカ合衆国ニューオリンズ市の名誉市民でもあった。

※14　真帆志ぶき　1935年2月5日―。女優、歌手、元宝塚歌劇団トップスター。1952年、39期生として宝塚歌劇団に入団。月組公演『アメリカーナ／春の踊り』で初舞台を踏む。1955年12月の

花組公演『国性爺合戦』でメイン級に抜擢される。その後、雪組に移動し1962年『花のオランダ坂／ナンバー・ワン』で主演を務める。1970年には声楽専科に異動。同年、第25回文化庁芸術祭賞優秀賞を受賞し、1975年に退団。

※15　ジェームス・ブラウン　1933年5月3日―2006年12月25日。シンガー、音楽プロデューサー、作曲家。1956年に、フェイマス・フレイムズを率いてデビュー。『トライ・ミー』（1958年）などバラードで人気を博し、1964年の『アウト・オブ・サイト』でファンク・ミュージックを生み出す。その後も、『セックス・マシーン』（1970年）などでヒットを飛ばし続け、ゴッド・ファーザー・オブ・ソウルとして君臨した。

※16　ジョニー・ハートマン　1923年7月3日―1983年9月15日。ジャズ・ボーカリスト。1947年、ピアニストのアール・ハインズのバンド専属歌手としてデビュー。翌年には、ディジー・ガレスピーと共演。1981年には、アルバム『Once In Evry Life』がグラミー賞にノミネート。ジョン・コルトレーンとの共演盤『ジョン・コルトレーン&ジョニー・ハートマン』は、ジャズファンを唸らせる1枚となった。

※17　エンゲルベルト・フンパーディンク　1936年5月2日―。歌手。60～70年代にかけて、女性を中心に人気を誇り「キング・オブ・マスク」と称された。1966年に発表した『リリース・ミー』は、イギリスで56週連続チャートインし、ギネル・ワールド・レコーズにも掲載された。その後も、『愛の花咲くとき』（1968年）、『太陽は燃えている』（1970年）、『アフター・ザ・ラヴィン』（19

76年）などをヒットさせた。

※18　トム・ジョーンズ　1940年6月7日―。歌手。1960年代前半トミー・スコット&ザ・セネターズのボーカリストで活動。1964年にトム・ジョーンズに改名してソロ・デビュー。「ザ・ヴォイス」の愛称で親しまれ、1970年代にはセックスシンボルと呼ばれた。1965年『よくあることさ』、1994年『恋はメキ・メキ』は、映画の挿入歌やCMなどで多く起用。1999年にはOBE勲章を、2006年には大英帝国ナイト位が授与された。

※19　前田憲男　1934年12月6日―2018年11月25日。ジャズ・ピアニスト、作曲家、編曲家、指揮者。高等卒業後、プロのジャズ・ピアニストとして活動。1955年以降は、さまざまなバンドに参加する一方、数多くのテレビ番組のテーマ曲を手掛ける。1981年に、東京音楽祭にて最優秀編曲賞。1983年には、第20回レコード大賞で最優秀編曲賞を受賞。晩年は、荒川康雄、猪俣猛と共にピアノトリオ「WE3」で活動した。

※20　猪俣猛　1936年2月6日―。ジャズ・ドラマー。宝塚歌劇団のオーボエ奏者だった父、天才トランペッターの兄に影響を受け、恵まれた音楽環境の中で育つ。21歳でスイングジャーナル誌の新人賞に輝き、「渡辺晋とシックス・ジョーズ」を経て、名門「西條孝之介とウエストライナーズ」に参加。2017年、ジャズ・ドラマーとして日本文化の振興への貢献を評価され文化庁長官表彰を授与される。

第八章

鴨川清作先生　その一

私の初舞台は、『エスカイヤ・ガールス』。

鴨川先生[※21]の作品でした。そのときから、ご縁があったのかもしれません。


昭和51年に51歳で没。

早過ぎる死でした。

先生に演出していただくはずだった『ノバ・ボサ・ノバ』の舞台は、とうとう一度もお稽古場にはいらっしゃることなく初日を迎えました。

稽古中毎日のように病室を訪れ、その日の稽古の進み具合などをお話ししていましたが、日に日に弱っていく先生を見るのはつらく、いたたまれない気持ちでした。

ある日先生が「たこ焼きが食べたい。」とおっしゃって、トースターにたこ焼きを3つ入れて温めたけど、結局ひとつ召し上がるのが精一杯。

美食家でもあった先生なのに、どんなお気持ちだったでしょう……。

お元気だった頃、私は休みの日朝からパンを作るのに大忙し！

夕方やっとできたパンをバスケットに入れて先生のお宅へ急ぎました。

自画自賛ですけど焼きたてのパンはおいしく、先生が「何処のパン屋で買ってきたの？」と聞かれたほど。

お宅での鍋パーティでは、先生は「鍋奉行」。

ぐちゃぐちゃに材料を放り込むなどもってのほか！

誰かがまだよく煮えていない具材を食欲に勝てず箸でつまもうとして、先生にピシャっと手を叩かれていたっけ。

とにかく、きれいにおいしく味わう。

それ以来私も当然「鍋奉行」です。

いつか、先生と結婚したいと、思ったことも

先生のことを尊敬し憧れ、いつしか先生と結婚したいなどと密かに思ったことは確かです。

男性として初めて心を寄せた方でした。

別に何があったわけではなく、あくまでもプラトニックな関係。

でも何となく噂になっていたのかもしれません。

劇団事務所に先生が呼ばれて注意を受けたとか。

闘病中、「治ったらこういう舞台を作りたい」と話されていました。

暗闇の中、幕が上がるとグランドピアノが……。

ほかには何もなく私がそのピアノの前に座っている。

背景には三日月がポツンと。

静かにピアノを弾き出すところからショーは始まります。

そんな夢のような話も実現せずに終わりを告げました。


お葬式の日、内海重典先生のお書きになった弔辞を私が読むことに。

それは巻紙になっていて、読みながら巻き込んでいかなければいけないのに、そのまま下へ下へ落ちて山のようになった弔辞の紙。

私といえば泣きながら読んでいるので、まったく気が付かず。

その後どうなったのか記憶にありません。

先生の言われた一言。

「おとみ（私のあだ名）は、ある程度できたらその先は努力をしない」その通り。

今は違いますよ！

完璧に仕上げなければ気が済まない私になりました。

先生との思い出は尽きないけれど、まだまだこの世に存在して素晴らしい作品を作っていただきたかったです。

鴨川清作　写真：毎日新聞社／アフロ

※21

鴨川清作　１９２５年1月23日—１９７６年8月11日。演出家。大阪音楽大学卒業後、１９５４年に宝塚歌劇団に入団。第1作目の上演作品は、１９５７年の『夏と祭り』。奇想天外な作風から、「鬼才のショー作家」と呼ばれたが、１９６７年に演出した『シャンゴ』では、第22回文化庁芸術祭奨励賞を受賞。１９７１年に上演した『ノバ・ボサ・ノバ』『シンガース・シンガー』は、不朽の名作といわれた。１９７６年8月、51歳で死去。

第九章

鴨川清作先生　その二

もう先生がお亡くなりになってから40数年たったんですね。

今度新しくなった宝塚ホテルで先生を偲ぶ会を催すのですが、宝塚の功労者、偉大な先生のお名前、もう直接ご存知の方も少なくなりました。


鴨川先生は、元は[※22]菊田一夫先生のお弟子さん。

そして、その才能を高木史朗先生はじめ多くの歌劇団上層部の方も愛し認め、育てていらっしゃいました。

一言でいうと斬新。

日本人が知らないような歌でもどんどん取り入れていました。

躍動感がありました。

日本では二度と現れないような方だと今でも思いますし、私は先生の作品で認められて幸せだと思っています。

先生の作品では『シャンゴ』『ノバ・ボサ・ノバ』が有名ですけれども、真帆志ぶきさんが主役の『愛のコンチェルト』これもまた素晴らしかったです。

先生は「ノバは、ほかの演出家が書くことはできるかもしれないが、この愛のコンチェルトは自分にしか書けない作品だと思っている」と私におっしゃったんです。

ファンタジーにあふれる作品……。

素晴らしかったです。


あれは昭和51年のことでしたか……。

私が『ノバ・ボサ・ノバ』のソールを演じることになりました。

すでに鴨川先生の容態は悪くなっていて、とても残念なことに、舞台の初日直前にお亡くなりになりました。

先生の妹さん、私の上級生の方なんですが、真っ白いお花、ブーケを客席に置いていらして。終演後そのブーケを持って舞台に……。

初日前、先生が亡くなったお知らせを聞いても舞台で涙は見せられません。

気が張り詰めていて、自分の感情を押し殺していました、でもその白いブーケを見たとたん号泣。

「涙って前に飛ぶんだ……」一生の間で、あとにも先にもあんなに泣いたことはありません。私にとってそれくらい大切な大きな大きな方でした。

この『ノバ・ボサ・ノバ』は、その年の芸術祭優秀賞を頂いたそうです。

※この章は聞き書きとなります。

※22

菊田一夫　1908年3月1日―1973年4月4日。神奈川県横浜市生まれ。劇作家、作詞家。1933年に古川ロッパらが、浅草常盤座で旗揚げした劇団「笑の王国」の座付き作家となる。1936年には、東宝に所属。戦後、作曲家・古関裕而とコンビを組み数々の作品を手掛けた。1955年、東宝の取締役に就任。その後、宝塚歌劇のために書き下ろした『霧深きエルベのほとり』は、1963年の初演以来、幾度となく再演された。

第十章

『ベルサイユのばら』

月組で榛名[※23]由梨さんがオスカル役として演じられた『ベルサイユのばら』を花組でやると決まったとき、最初私がアンドレ、榛名さんがオスカルという配役の予定でした。

私は身体も大きくなく、どう考えてもアンドレはおかしい、思い切って植田[※24]先生のところに直談判しに行きました。

後にも先にも直談判なんて初めてだったんです。

先生は「そうやなぁ」とおっしゃって、無事に私がオスカルということになりました。

稽古が始まり長谷川[※25]一夫先生がお見えになったとき、先生は足のつま先からYシャツまで紫なの。

びっくりしました。

誰かが小声で「パンツも紫かなぁ！」なんて言ってましたっけ。

先生の指導は具体的で丁寧に教えていただきました。

怖いと感じたことはなかったです。

稽古のときには先生は素顔でいらしたので、お顔には深い傷跡がありました。

でも先生がご自分の舞台に立たれるときには、ヘラを使い丁寧にドーランで傷跡を埋めて天下の二枚目に変身なさるの。

今、長谷川先生のお名前も知らない方が多い時代になって寂しいことですね。

とにもかくにも、この作品のヒットで今も皆さんに安奈淳の名前を知っていただけていると感謝しています。

それにしても全国津津浦々という言葉の通り、大変なスケジュールの全国ツアーでした。基本的に「乗り打ち」（公演当日に現地に到着すること）公演終了後に移動、バスか電車で移動という毎日でした。

泊まる所は小さな温泉旅館かモーテルみたいな所、今では考えられないお話しですね。

この公演でご一緒した榛名由梨さんは私の先輩で、表裏のない大きな性格で尊敬できる方でした。

榛名由梨さん、忘れられない記憶

そして個人的に忘れられない思い出があります。


私が退団してからの話ですが、私の母は私と同じ病気で入院していたのです。

あるとき、別の病院に転院しなければならなくなりました。

父は転院に備えて新しい病院のそばにマンションを借りましてね、準備が整い、いざ、転院する日になったときに母は突然亡くなってしまいました。

あまりにも唐突な出来事で、父は茫然自失。

その頃私は東京で仕事があり、病院に駆け付けることは叶いませんでした。

そんなとき、榛名さんに連絡、相談したら榛名さんが父に代わって、諸事、実務的なことを独りでとりしきってくださいました。

死に化粧まで……。

母の亡骸が病院から新しく住むはずだったマンションに運ばれたとき、ストレッチャーが長すぎてマンションのエレベーターに入らなかったんです。

榛名さんは母を抱きかかえてお部屋に入れてくれました。

妹は榛名さんのご恩を一生忘れないと言ってましたが、私も同じです。

深い悲しみの中にあった私たち家族にとって、どんなに心強くありがたかったことでしょう。

榛名さんはそういう方です。
※この章は聞き書きとなります。

※23　榛名由梨　1945年8月19日―。女優、元宝塚歌劇団月組・花組トップスターで専科にも所属。1963年、49期生として宝塚歌劇団に入団。同年の星組公演『花詩集』で初舞台を踏む。1973年、月組のトップスターに就任。1975年には花組へ異動し、安奈淳と共にダブルトップに。1988年、星組公演『戦争と平和』の東京公演千秋楽を最後に退団。現在は女優として活躍するかたわら、宝塚市の広報大使も務めている。

※24　植田紳爾　1933年1月1日―。宝塚歌劇団の劇作家、演出家。1957年、宝塚歌劇団に入団し『舞い込んだ神様』で演出家デビュー。1974年に初演された『ベルサイユのばら』の脚本を手掛け、「ベルばら」ブームを巻き起こす。1977年の初演以来、再演多数を誇る『風と共に去りぬ』の脚本・演出も手掛けた。

※25　長谷川一夫　1908年2月27日―1984年4月6日。俳優。1927年、歌舞伎界から松竹に入社し、林長二郎の芸名で銀幕デビュー。松竹、東宝を経て1938年には、長谷川一夫に改名。1949年に主演した『銭形平次捕物控 平次八百八町』が、人気を得てシリーズ化された。1974年に上演した宝塚歌劇団の『ベルサイユのばら』では、演出を手掛け大きな話題に。1983年に出演した舞台『半七捕り物帖』が最後となる。

第十一章

退団の日まで

『ベルサイユのばら』のヒット以来、来る日も来る日も大変な忙しさで、もう、何も考える暇もないほどでした。

30才に近くなると、だんだん身体的にも疲れが蓄積しましてきつくなり、しまいに「そうだ、30才になったら宝塚を辞めよう」と考えるようになったんです。

あるときには娘役さんの方が体重が重くて、支えきれずに落としたりしたこともありました。次回作は『風と共に去りぬ』と決まったときに「そうだ！ これは神さまの啓示だ！私も風と共に去ろう」とひらめきました。

もう鴨川先生も亡くなっていましたし。

それで稽古場で親しい仲間に打ち明けたあと、理事長室に向かいました。


「この作品を最後に辞めさせていただきます。」


さぁ、そこから退団の日まで1日の休みもなく働きました。

大げさな話、食べる時間も寝る時間もないほど。

どの公演のときか忘れましたが、当時、美川憲一[※26]さんが私のファンだとおっしゃって、キャップを被りサングラスにマスク姿で東宝劇場へ観劇にいらっしゃいました。

その方が目立つのに……。

当時は楽屋にも入ることができましたから、私の化粧前で、私の横に座ってメイクするところをじっと見ているんです。

研究していらしたのかしら?

それで、仲がいいもんだから噂になったこともありましたが笑ってしまいました。

美川さんとはその後しばらくお会いしていませんでしたが、久しぶりに再会しても本当にいい方です。


退団公演『風と共に去りぬ』東京の千秋楽の日は、朝から劇場の表が大混乱になりまして30分ほど開演が遅れました。

私はおまわりさんに抱えられるようにして楽屋に入りました。

まるで犯人のように！
翌日の東宝劇場の「さよならショー」は、なんと1日3回公演です。
やっとのことで公演、そうして私の宝塚生活は終わったんです。
今思えばあっという間の13年でした。

※この章は聞き書きとなります。

※26

美川憲一　1944年5月15日―。歌手、俳優、タレント。昭和を代表する作曲家・古賀政男の指導を受け、1965年『だけどだけどだけど』で歌手デビュー。『柳ヶ瀬ブルース』（1966年）は120万枚の大ヒットを記録し、『さそり座の女』（1972年）は、100万枚を売上げ代表曲となる。26回出場したNHK紅白歌合戦では、小林幸子と共にその派手な衣装でも話題を呼んだ。現在は、コンサートや舞台で精力的に活動している。

第十二章

振付師　パディ・ストーン氏

鴨川先生の作品『ノバ・ボサ・ノバ』のお話しが出たところで、先生の代表作『シャンゴ』のお話しをしましょう。


私にとって宝塚時代の一番思い出に残っている作品なんです。

この作品のときはまだ下級生。

まぁ、「筆舌に尽くしがたい」という言葉の通りの試練。

私にとって、人生で初めて超過酷な稽古を経験しました。

この『シャンゴ』という作品、主演の真帆志ぶきさん以外は全員オーディションを受けさせられまして、私なぜか受かっちゃったんです。


そのときの振付がイギリスから来た世界的な振付師パディ・ストーン氏でした。

何でもヨーロッパで昔、空中ブランコ乗りをしていて事故で落下。

そのあと振付師に転身したとうかがっています。

背が高くていかつくて、銀髪でしかもサディスティック！

彼はユダヤ信徒なんですが「完ぺきにやらないと悪いことが起きる」という教えを厳格に信

じていました。

日本に来る前には、ジュリー・アンドリュース[※27]の『クリスマス・キャロル』の振付をしたんだそうですが、向こうでもそれはそれは過酷な振付をするので有名だったそうです。


普段は穏やかなんですが、いざ稽古場に入ると暴力的で、生徒の顔こそ殴らないものの滞在していた宝塚ホテルのバスタオルを稽古場に持って来て、それを首にかけているのですが、それで生徒をバシッとしばくのです。


あれはたしか真夏でしたから、とにかく暑い。

彼は休憩時間によくコーラを飲んでいましたが、生徒は疲れ果てて飲み物ものどを通らないくらいでした。

公演は1ヵ月。稽古も1ヵ月。

地獄の日々でした。

リノリウムを敷いた稽古場に素足で踊らされるんで、足の裏の皮がむけちゃって血だらけになったくらい。

おまけにダンスのときに、むちうちになっちゃったんです。

整体師に診てもらったら、「このむちうちは普通じゃない、治りませんよ」と言われたくらいで、今も症状が残っているんです。

あのときは、食事するときに首が座らなくて首を支えてもらわないと食べられない状態でした。

稽古場には看護師さんが倒れた生徒の気付けのために、注射器をもって待機していました。

今では考えられないことでしょう。


でも、鴨川先生は彼を信頼していました。ストーン氏は誰にもできない個性的な振りを付けてくれましたから。

そして彼はその信頼に見事に応えました。

「やればできる」ということを教えてくれた人。

とにかく『シャンゴ』は普通の宝塚の公演とは違っていました。

みんなで歯をくいしばりながら作って、稽古して、初日の幕が下りたときにみんな泣きました。

そして、とても大きな反響をいただきました。
パディ・ストーン氏は最期、ハワイで孤独のうちに亡くなったそうです。
※この章は聞き書きとなります。

※27

ジュリー・アンドリュース　1935年10月1日―。女優、歌手、作家、演出家、ダンサー。ウエスト・エンド・シアターでデビュー。ミュージカル『マイ・フェア・レディ』『キャメロット』などで注目される。映画『メリー・ポピンズ』（1964年）では、アカデミー主演女優賞を獲得。1965年の『サウンド・オブ・ミュージック』も大ヒット。2000年には、舞台芸術への功績が認められデイムの称号を叙された。

第十三章

忘れ得ぬ振付の先生たち

パディ・ストーン氏の振付の話の続きになりますが、あの当時、独創的な振付をされる先生が宝塚に何人もいらっしゃいました。

ひとつのシーンを見ると「あっこれは県洋二先生[※28]、これは喜多弘先生[※29]!」と一目で分かるくらいに個性的だったんです。

特色があったんです。

日劇出身の県洋二先生、SKD、日劇、いろんな劇場の振付をされていて、しかもすごくすてきな先生で、上級生の方なんか県先生が見えると網タイツで張り切ってね。

森茉莉[※30]さんの『枯葉の寝床』という耽美小説のモデルが県先生だったとかいう噂も……。

昭和のエンターテインメントに欠かせない方ですね。

岡先生、〝岡拍子〟といって、とても難しいステップで、独特の雰囲気を作っていらっしゃった。

朱里エイコ[※31]さんのお母さま、朱里みさ[※32]を先生の振付も個性的で素敵でした。

そして、喜多弘先生。

ものすごく厳しい方でしたが、どこかユーモラスなところがある方。

元はダンスホールで踊っていらしたそうですが、相手役の方のピンヒールが目に入ってしまい、舞踊手をお辞めになったんですって。

目が不自由なんですが言葉はめちゃくちゃ河内弁で、ときにはひんしゅくを買うようなこともありましたが、その言葉の中に温かみがあって私は大好きな先生でした。

それからアキコ・カンダ先生[※33]、この先生の振付もモダンでした。

今の宝塚のショーは、群舞のシーンが多いけれど、私の時代のショーでは男役と娘役のデュエット・ダンス、そして、そこにもう一組がいる感じのダンスが多かったと思います。

振付といえば歌舞伎界の大御所、尾上松緑先生[※34]にもご指導いただきました。

テープレコーダーに『人間五十年』をご自分で吹き込んでくださってね、それで振付してくださいました。

私にはとっても親切に、優しく指導してくださいました。

覚えが悪くてねぇ……。

東京公演のときには紀尾井町のご自宅にうかがってお食事をごちそうになったりして、光栄なことです。

※この章は聞き書きとなります。

※28
県洋二　1919年―2008年。宝塚歌劇団の振付師。戦中から戦後にかけて、宝塚歌劇団の振付師として活躍。その後、日劇ダンシングチームに活動の中心を移し、宝塚歌劇団、コマ・ミュージカルチームなどで1990年代前半まで一線に立ち続けた。黒澤明監督の『野良犬』（1949年）、『モスラ』（1961年）などの映画や、美空ひばりといった歌手への振付も多く手掛けた。引退後は仙台で悠々自適な日々を送っていた。

※29
喜多弘　1932年7月―1999年12月5日。宝塚歌劇団専属振付師。高校を卒業後、緑ヶ丘音楽舞踊学校に入学。その後、OSKの振付師を経て、1962年にフリーの振付助手として星組公演『僕は君』の振付を担当。1967年には、宝塚歌劇団専属の振付師となる。1年間のアメリカ留学を経験した後、星組公演『ヤング・メイト』で専属振付師としてデビュー。その後も、300本以上の作品に携わり、1997年に退職した。

※30
森茉莉　1903年1月7日―1987年6月6日。森鷗外の娘。小説家、エッセイスト。1919年に結婚し、子どもを授かるが離婚。2度目の結婚もうまくいかず離婚に至る。1957年、54歳で鷗外に関するエッセイを集大成した『父の帽子』を発表し、第5回日本エッセイスト・クラブ賞を受賞。『甘い蜜の部屋』『恋人たちの森』でも、多くの賞を受賞する。その後も、鷗外の話を中心にしたエッセイを執筆した。

※31　朱里エイコ　1948年3月19日―2004年7月31日。歌手、舞踏家兼振付師。16歳で単身渡米し、数々のショービジネスで活躍。2度の渡米を経て、1971年にはワーナー・パイオニアと契約。翌年発売した『北国行きで』が大ヒット。当時、日本の音楽界が性に合わず苦悩な日々を過ごすことに。その後は、1987年にシングル『すべての愛をあなたに』を発売。1992年には、芸能生活25周年のリサイタルを開催した。

※32　朱里みさを　1924年―1999年3月9日。舞踊家、振付師。1940年に橘秋子バレエ研究所でバレエを始めるが、1948年にはジャズ系ダンサーに転向。1957年に渡米し、ラスベガスのショーへの出演がきっかけとなり「エド・サリバンショー」などに出演。帰国後は、宝塚歌劇団で舞踊講師・振付師として指導に当たるかたわら、ミュージカル製作にも力を注ぎ「赤坂ミュージカル」と名付け多くの公演を重ねた。

※33　アキコ・カンダ　1935年10月24日―2011年9月23日。舞踏家、ダンサー、振付師。「モダンダンスの神様」と呼ばれたマーサ・グレアムの愛弟子。マーサ・グレアム舞踊学校の舞踊団で活躍後、1962年に帰国。1967年には「アキコ・カンダ ダンスカンパニー」を設立。数々の賞を受賞する一方で、長きにわたり宝塚音楽学校・宝塚歌劇団の振付及び講師も務めた。2006年には、宝塚音楽学校講師45周年記念公演を開催した。

※34　尾上松緑　1913年3月28日―1989年6月25日。歌舞伎役者。1918年、帝国劇場において松本豊で初舞台を踏む。1935年、歌舞伎座『伽羅先代萩』の荒獅子男之助、『土蜘』番卒藤内で

二代目尾上松緑を襲名。恰幅のいい体つきと、明るく豪放磊落な仁で、『義経千本桜』のいがみの権太などが当たり役とした。歌舞伎にとどまらず、テレビドラマや映画にも意欲的に出演。重要無形文化財保持者（人間国宝）。

第十四章

白黒のフランス映画

私、今回のこのエッセイの題字をブルーと赤で書きました。

父母がフランス映画をとても好きだったので、私も連れられてよく見に行ったんです。

そのうちフランスの国旗、トリコロールの色が大好きになりました。


トリコロールといえば、私が子どもの頃に観た宝塚の舞台での水兵さんの衣装。衿にブルーのテープ、帽子に赤いリボンが付いた水兵帽を被った姿がとっても素敵で、印象に残っています。

そして『巴里のアメリカ人』で、ジーン・ケリー[※35]が好きになったという具合……。


でもやっぱりニューヨークよりも、パリのシックで落ち着いたお洒落な感じが好きでした。

憧れました。

だから映画は白黒のシックな落ち着いたフランス映画が好きだったんです。

白黒の映像を観ていると色がにじみ出てくる気がするんです。

白黒にも関わらず色が出てきちゃう、ハリウッドの映画とはまったく違う、そんなフランス映画に惹かれました。

フランソワーズ・アルヌール[※36]、ジャン・ギャバン[※37]、ミシェル・ピッコリ[※38]、そしてジェラール・フィリップ[※39]……。

とくに母が好きだったジェラール・フィリップ。端正で、繊細で、『パルムの僧院』『赤と黒』なんて、今でも忘れられない映画です。


数十年たってから東宝東和映画の川喜多かしこ[※40]さんと一緒にフランスに行くことがあり、そのときに「あなた、どなたか会ってみたい俳優さんがいる？」とお聞きになるから「ミシェル・ピッコリです！」と答えたら、川喜多さん「あなた、変っているわねぇ」と。

当時人気だったアラン・ドロン[※41]とか、そういう名前を想像されていたんじゃないかしら。

※この章は聞き書きとなります。

『巴里のアメリカ人』　写真：Album/ アフロ

※35　ジーン・ケリー　1912年8月23日―1996年2月2日。俳優、ダンサー、振付師、歌手。ブロードウェイでのダンサーを経て、1941年にメトロ・ゴールドウィン・メイヤーに入る。1942年には、映画『フォーミー・アンド・マイ・ギャル』でデビュー。その後も数々の作品に出演し、監督・脚本・振付もこなすマルチな才能を開花。代表作品には、『雨に唄えば』（1952年）『踊る大紐育』（1949年）『巴里のアメリカ人』（1951年）などがある。

※36　フランソワーズ・アルヌール　1931年6月3日―。女優。ウィリー・ロジェ監督に見いだされ映画『漂流者』（1949年）のヒロインで銀幕デビュー。その後は、ジャン・ギャバンと共演した『フレンチ・カンカン』（1954年）、『ヘッドライト』（1956年）が日本でヒットとなり、高い人気を誇った女優のひとり。石ノ森章太郎の代表作漫画『サイボーグ009』に登場する、003のキャラクターモデルともいわれている。

※37　ジャン・ギャバン　1904年5月17日―1976年11月15日。俳優、歌手。1930年『メフィスト』で映画に初出演。1935年に主演した『地の果てを行く』がヒットし一躍スターに。第2次世界大戦の激化に伴いアメリカへ移住。この時期は、アメリカ映画にも出演。戦後、フランスへ帰国すると1954年には『現金に手を出すな』に主演し、ベネチア国際映画祭男優賞を受賞。晩年は、マフィアの組長役などを好演した。

※38　ミシェル・ピッコリ　1925年12月27日―。俳優、監督。第2次世界大戦終戦後、舞台俳優として活動を開始する。1954年に製作されたフランス映画でデビュー。『虚空への跳躍』（1980年）

がカンヌ国際映画祭で、1981年製作の『Strange Affair』(英題)はベルリン国際映画祭で、それぞれ男優賞を受賞。1990年代からは、監督もこなし2001年には『黒い海岸』などを手掛けた。2015年まで、約150本以上の映画に出演した。

※39 ジェラール・フィリップ　1922年12月4日―1959年11月25日。俳優。フランス国立高等演劇学校に在学中、映画や舞台に出演。1945年に『星のない国』で初主演。1946年の『白痴』では、演技力の高さや美男子として注目をあびる。1947年に主演した『肉体の悪魔』で、その人気を世界的なものに。1956年には、映画監督にも挑戦するが不評に終わり、俳優業に専念する。1959年に肺臓ガンのため36歳の若さで死去。

※40 川喜多かしこ　1908年3月21日―1993年7月27日。大阪生まれ。映画文化活動家。フェリス女学院卒業後、1929年に女性秘書として東和商事に入社。溝口健二のシノプシス『狂恋の女師匠』の英訳を手掛ける。1932年、仕事を兼ねた新婚旅行先のヨーロッパで『制服の処女』を買い付け、日本で上映すると一世を風靡。その後も、『禁じられた遊び』(1952年)などを輸入し、日本の洋画界をにぎわせた。

※41

アラン・ドロン　1935年11月8日―。1995年にフランス海軍を除隊。その後、放浪生活を経て無名時代に数本映画に出演。1960年に主演した『太陽がいっぱい』が大ヒットし、世界中にその名を知らしめる。また、自身が出演する作品のプロデュースも手掛け活躍の場も広げた。2017年に引退を表明。2019年には、第72回カンヌ国際映画祭で、映画界への長年の功績を称えられ「名誉パルムドール」が贈られた。

第十五章

束の間の結婚生活

30才になって昭和53年の夏に宝塚を退団したんですが、退団したら東宝に来るように勧められまして、私自身、退団したらこういうことをしてみよう、こういう道を進んでいこうという気持ちは正直まったくなかったんです。

「まぁ、流れに身をまかせよう」くらいのつもりでした。

ともかく、その年の秋から東宝で仕事を始めました。

最初は先輩の浜木綿子[※42]さん主演の舞台でした。


そして、光栄にもその頃、東宝のカレンダーにも入れていただいていたんです。

その撮影で来ていたスタッフのひとりの男性、私が過労で身体を壊して入院していたときに、なんと毎日お見舞いに来てくれたんです。

気弱になっていた私を励まし、優しくしてくれて。

退院した後、その彼からの猛烈な求婚を受けましてね「うーん、結婚するってこんなものかなぁ、した方がいいのかなぁ、どうなんだろうなぁ」とぼんやり悩みました。

あるとき、共演していた草笛光子[※43]さんに楽屋で相談したんです。

「実はある方から求婚されていまして、結婚しようか悩んでいます」と。

「私ね、芥川也寸志[※44]の指にほれて結婚したのよ。素敵だったの。一度しちゃえばいいのよ、嫌なら別れればいいんだから」と草笛さんらしく、からっとしたお答え。

そのアドバイスで「そうか！　まぁ一度してみようか」くらいの気持ちで結婚しました。

でもその結婚は長くは続きませんでした。

私は17歳で宝塚歌劇団に入ってから、自分で働いて仕事して、それで頂いたお金、それは少ないお給料でしたがその中で生活を賄ってきました。

他人にお金をもらって生活するということを大人になってもしたことがありません。

親からも受け取っていません。

そうやってずっと生きてきたんですね。

ある日、仕事のことで悩んで悩んで誰にも打ち明けることができないでいたときに彼に相談したら、彼はいとも簡単にこう言うんです。

「じゃあ仕事辞めたら？　僕が料理を作って君がピアノ弾きながら歌う、そんな店を2人でやろうよ」彼は料理が得意な人でした。

「この人、私のことを何も分かってないなぁ……」と心の中で。

このことがきっかけで、私は彼と一生過ごすのは無理だなぁと思いはじめ、結婚して1年後くらいでしたか、別れを切り出したんです。

実質1年半の結婚生活でした。結婚は簡単でも離婚は難しいものです。

そのときに懲りたんでしょう「あぁ、もう結婚は二度とするまい」と思いました。

でも今思うと、一度結婚したことは私の人生に無駄じゃなかったと思います。

仕事だけじゃなく、そういう経験をしたことは芸のこやしになったことは確かですね。

そういえば、後輩の麻実[※45]れいさんから「結婚しようか、どうしようかと悩んでいます」と同じことを相談されたことがあり「一度しといた方がいいわよ、嫌なら別れればいいんだから」と答えちゃいました。

今、麻実さんはお幸せで何よりです。

※この章は聞き書きとなります。

※42　浜木綿子　1935年10月31日―。女優、元宝塚歌劇団雪組トップ娘役。俳優・香川照之が息子。1953年、40期生として宝塚歌劇団に入団。『恋人よ我に帰れ』『青い珊瑚礁』などで人気を博し、娘役トップスターに。1961年に上演された雪組公演『残雪／華麗なる千拍子』を最後に退団。その後は、舞台やテレビドラマで女優として活躍。1962年には、舞台『悲しき玩具』で第17回文化庁芸術祭奨励賞を受賞した。

※43　草笛光子　1933年10月22日―。女優。1950年、松竹歌劇団（SKD）に5期生として入団。スリーパールズと呼ばれ、1953年には在籍のまま松竹から『純潔革命』で映画デビュー。SKDの退団後は、東宝を経てテレビでの活躍の場も増やす。1999年には紫綬褒章、2005年には旭日小綬章を授与される。2018年には、お洒落な私服の着こなしを掲載した『草笛光子のクローゼット』を出版し話題になった。

※44　芥川也寸志　1925年7月12日―1989年1月31日。作曲家、指揮者。小説家・芥川龍之介の三男。1949年、東京音楽学校研究科卒業。1950年に作曲した『交響管弦楽のための音楽』が、NHK創立25周年記念管弦楽曲懸賞特賞を受賞。1953年には、『弦楽のための三楽章』が、ワルシャワ国際音楽祭で作曲賞を受賞。『砂の器』（1974年）『八甲田山』（1977年）など映画音楽も多数手掛け、TV番組の司会を務めるなどマルチな活躍も見せた。

※45

麻実れい　1950年3月11日―。東京都千代田区出身。女優、元宝塚歌劇団雪組トップスター。1970年、56期生として宝塚歌劇団に入団。同年、雪組公演『四季の踊り絵巻／ハロー！タカラヅカ』で初舞台を踏み、翌年星組に配属。1972年の新人公演『花の若武者』で主役に大抜擢。同年、雪組に組替えし、1980年にはトップスターに。1985年に退団してからは、舞台を中心に活躍している。2006年には、紫綬褒章を受章。

第十六章

東宝の思い出

とにかく忙しい毎日でしたから、せっかく素晴らしい名優の方とお仕事したこと、その方のお芝居、言葉などあまりよく覚えていないのです。

『屋根の上のバイオリン弾き』のときだったか、初めての行った稽古場のとき、森繁[※46]さんが「稽古場にひとりできたのは偉い、その根性は認める」なんておっしゃられてね、どんなに怖い方かと思ったら私にはそうでもなかったような。
でも、天才という言葉がぴったりの方でした。

森繁さんがお書きになった文章の中に「どんなに素晴らしい芸をもっていても、その人間が死んだら終わり、消えてなくなってしまう」と。
この一文、この一言が心に残っています。

『南太平洋』これは映画が素晴らしかったですね。
ミッツィ・ゲイナー[※47]、ロッサノ・ブラッツィ[※48]ね!

これを上演したとき、なかなか楽屋からエレベーターで宝田明[※49]さんが下りてこないの。

あのときは本当に焦りました。

なんと宝田さん、エレベーターを下りてそのまま台詞を話しながら舞台に出て見えてね。

そんなこともありました。

ペギー葉山[※50]さん、ハナ肇[※51]さん、皆さん素敵な、そして優しい方でした。

ただ肝心の私は、オファーされたお仕事をこなすことが精一杯という時代でした。


そうそう、劇場の前に書割というんでしょうか？

大きな絵看板がありましたね、懐かしいですね。

※この章は聞き書きとなります。

※46 森繁久彌　1913年5月4日—2009年11月10日。俳優、声優、歌手、コメディアン、元NHKアナウンサー。早稲田大学を中退後、NHKアナウンサーとなり旧満州（中国東北部）に赴任。帰国後は、俳優となり『三等重役』（1952年）、『夫婦善哉』（1955年）など、多くのシリーズ映画やドラマに出演。舞台『屋根の上のバイオリン弾き』は、通算上演900回を達成した。没後の2009年には、国民栄誉賞が授与された。

※47 ミッツィ・ゲイナー　1931年9月4日—。アメリカ合衆国シカゴ出身。女優、歌手、ダンサー。1949年に短編映画『It's Your Health』で女優デビュー。ソル・C・シーゲルPDにより1954年に製作された『ショウほど素敵な商売はない』をはじめ、『魅惑の巴里』（1957年）、『南太平洋』（1958年）などのミュージカル映画に多く出演。1968年には、自らの名を冠にしたテレビ映画シリーズ『Mitzi』で人気を博した。

※48 ロッサノ・ブラッツィ　1916年9月18日—1994年12月24日。俳優。大学卒業後、弁護士事務所に勤務しながら舞台に出演。映画の吹き替え声優を経て、1939年にイタリア映画でデビュー。1942年に主演した『われら生きるもの』のヒットにより一躍スターの仲間入りに。その後、2度目の渡米後に出演した『裸足の伯爵夫人』（1954年）で再出発をはかる。『旅情』（1955年）などで人気を博し国際的にも活躍した。

※49　宝田明　1934年4月29日―。俳優、タレント。1953年に東宝ニューフェイスの第6期生として俳優業をスタート。翌年には、特撮映画の金字塔といえる『ゴジラ』で初主演。1964年には、ミュージカル『アニーよ銃をとれ』に主演し、第19回文化庁芸術祭奨励賞を受賞。その後も、『マルタイの女』（1997年）、『GODZILLA ゴジラ』（2014年）、『ダンスウィズミー』（2019年）など、200本以上の映画に出演している。

※50　ペギー葉山　1933年12月9日―2017年4月12日。青山学院高等部を卒業した翌年1952年11月に、キングレコードから『ドミノ／火の接吻』でレコード・デビュー。1955年に渡米し、各地で歌い盛況を博す。1958年に出演したミュージカル『あなたの為に歌うジョニー』では、第13回文化庁芸術祭奨励賞を受賞。その後は、タレントとしての活動の場も増え、1995年に紫綬褒章、2004年には旭日小綬章を受章。

※51　ハナ肇　1930年2月9日―1993年9月10日。ドラマー、コメディアン、俳優。1955年に「ハナ肇とキューバン・キャッツ」を結成。後に、植木等、谷啓らが加わり「ハナ肇とクレージーキャッツ」となる。人気番組『巨泉×前武ゲバゲバ90分！』では、ハナがヒッピー姿で叫んだ「アッと驚く為五郎」が流行語になった。その後も、数多くの映画やテレビドラマにも出演し、1991年には紫綬褒章を受章。

第十七章

深緑夏代先生　その一

私のシャンソンの原点は、ターコ先生(深緑先生の愛称)の歌劇団でのレッスン。

メケチャン(結城久さん)の稽古ピアノで歌うのは、19歳の私にとって至福のときでした。厳しいけれど、先生に聴いてもらってアドバイスを受けるのがうれしくて。

もしかしてターコ先生のレッスンを受けていなかったら、シャンソンを歌っていなかったかもしれません。

退団をしてからも個人レッスンをしていただき、益々シャンソンにのめり込んでいったのです。

先生のシャンソンはお洒落で都会的で心に響く。

あの深い歌声、ビロードのような声は聴く者を魅了しました。

声はその人が持って生まれたものだけど、磨けば磨くほど味のある声になるのじゃないでしょうか。

舞台に立つ、歌い手の後ろに人生が浮かび上がる。

青山にあるお宅にレッスンに通っていて、ある日、牡蠣の入ったお好み焼きをごちそうになりました。

お好み焼きはもちろん、いつも食べていたけれど。

その牡蠣入りのおいしさ！

先生はお料理も上手だったのです。

そして何よりも全てにハイセンス！

衣装もだけど普段のスタイルがかっこいい！

「歌」って、その人の生き方が表れるのだと思います。


丁寧に日々を過ごす。

矢のように過ぎていく時を大切に生きる。


舞台に立ちライトを浴びて歌うとき、その歌い手の後ろに人生が浮かび上がる様じゃありませんか。

ターコ先生は87歳まで現役で歌っていらっしゃいました。

やっぱりお年を召してからは歌詞が飛んだりハラハラすることもあったけれど、そこに存在するだけで感動する。

最後まで衰えることのなかった素晴らしい声。

私も先生を目指して頑張らねばと思うのです。

深緑夏代　写真：毎日新聞社 / アフロ

第十八章

深緑夏代先生　その二

あれは研2のとき、19才のときでしたか、鴨川清作先生の『LOVE! LOVE! LOVE!』というショーで、歌い手としてソロを頂いたんです。

それが、私が初めて歌ったシャンソン『じっとこうして』（レスト）という歌でした。

[※52]シャルル・アズナブールの作品。

これが生涯歌い続けることになるシャンソンとの出会いです。

そのとき、宝塚歌劇団の新人賞というのがあり、私この歌を歌ったことで頂いたんです。

当時、シャンソンの大御所、そして宝塚の大先輩深緑夏代先生が宝塚に教えにいらしていたんです。

あとになって、青山や五反田のご自宅にもうかがってレッスンを受けていました。

次から次に生徒さんが見えて、たしか20分くらいしかお稽古していなかったんじゃないかしら。

でも、そこで多くのことを学ばせていただきました。

先生の教えで記憶に残っていることはたくさんありますが、歌詞をもにょもにょと言うのは駄目だと。

いつも日本語として成り立っているか、言葉がお客さまにきちんと伝わって理解していただけているかということを大事にされていました。

そして深緑先生ご自身がとってもお洒落な方でしたね、いでたち振舞い、歌、何もかもあか抜けていました。

「歌、芝居、生き方、みんな共通するのだな」そう思います。

先生は晩年「歌というものはアカデミックなもの。歌詞に書いていないものを掘り下げ、想像する。主人公は、男？　女？　季節は？　昼なのか夜なのか朝なのか夕方なのか？　何人兄弟で恋人は？　結婚しているのか？　どんな服を着てどんな街に住んで……。研究すればするほど、歌に深みがでる」とおっしゃっていました。

私も若いときは、新曲をそれほど苦労しなくても次々に覚えて、いとも簡単に歌っていましたが今は違います。

今は……もう大変！

選曲するときに、「フランス人にはしっくりするけれど、日本人のお客さまにはこの心情が伝わらないのでは？」

フランス人と日本人の感覚の違い、日本人はシャンソンが好きというけれど、これは難しい問題です。

フランス語ならすんなりと歌えるメロディも、日本語で歌うと不自然なことがあったり、アクセントが違っていたりしますしね。

そういうことを考えながら新曲に取り掛かるんですが、その歌を完璧に自分のものにするには少なくても3ヵ月掛かります。

体の中に取り込むには時間が掛かるんです。

リズム、メロディ、考えないで口から出るようになるまでは。

先生は大歌手でありながら、あまりスタジオ録音されていません。

LPレコードもCDも。

ほんの数枚……。

私も同じでやはりお客さまの前で、ステージで歌っていたいと思います。CDではなく。

今度、先生が晩年お歌いになっていた『生きる』という、シャンソンを歌います。「ある程度にならないと歌ってはいけない歌があるのよ」とおっしゃっていましたが、まさにこの歌がそうですね。

私、もう70歳を過ぎましたから、この歌を歌ってもいいんじゃないかと。あまりリアルすぎるのもなんですが。でもあくまでも自分らしく、シンプルに『生きる』を歌いたいと思っています。

※この章は聞き書きとなります。

※52

シャルル・アズナブール　1924年5月22日―2018年10月1日。シンガー・ソングライター、俳優。9歳より芸能活動を開始。当時、エディット・ピアフの米国ツアーにマネージャー兼ソングライターとして同行。自身も、1964年に『帰り来ぬ青春』、ドラマの主題歌になった『忘れじの面影』(1974年)などをリリース。映画には60本以上出演し、アルメニアの駐ユネスコ大使を務めるなど世界平和にも貢献した。

第十九章

ジャック・ブレル様　その一

彼（ジャック・ブレル）[※53]の足跡を辿りたくて……。と言っても、ブリュッセルの街の記念館を訪れただけだけど。

49歳という若さで逝ってしまった魅力あふれる歌手。

作詞作曲は元より、俳優としても監督としても有名な人でした。

パリ北駅から電車で1時間半くらい。

車窓からの景色はほとんど緑の平野。

牛たちがのんびり草を食んでいるばかり。

看板ひとつ見当たりません。日本の新幹線からの景色とは別世界です。

冬の旅だったのでパリの寒さは厳しかったけど、ブリュッセルの寒さは格別。

身体の芯まで冷えてきます。

街でチョコレート屋を見つけて、ふうふうしながら飲んだホットチョコレートのおいしさと温かさ！

小雨が降る煙ったような街。

石畳の道は低く雲の垂れた灰色。

空と同じ色。

鈍く光っています。

『平野の国』という彼の曲があるけど、あの歌の光景が目の前に広がります。

ブレルもこの景色の中、私と同じ冷たい空気を吸っていたのかと思うと感慨深いものがありました。

私が歌う『ジャッキー』『アムステルダム』『懐かしき恋人の歌』など……。

何とも言えない雰囲気に包まれます。

色に例えれば濃いグレーの混ざった淡い緑かしら。

鮮やかな色彩、例えば赤にも砂色が混じっているような。

彼の作った曲のほとんどが、混沌とした色に覆われている気がします。

私はどんな歌でも色を想像して歌います。

『愛の讃歌』なら血のような赤とか、『ラストダンスは私に』は淡いオレンジピンクかな……。

ブレルのCDを聴いていると、部屋の中の空気が変わり、あたかもパリにいるような異国にいるような気分になるのです。

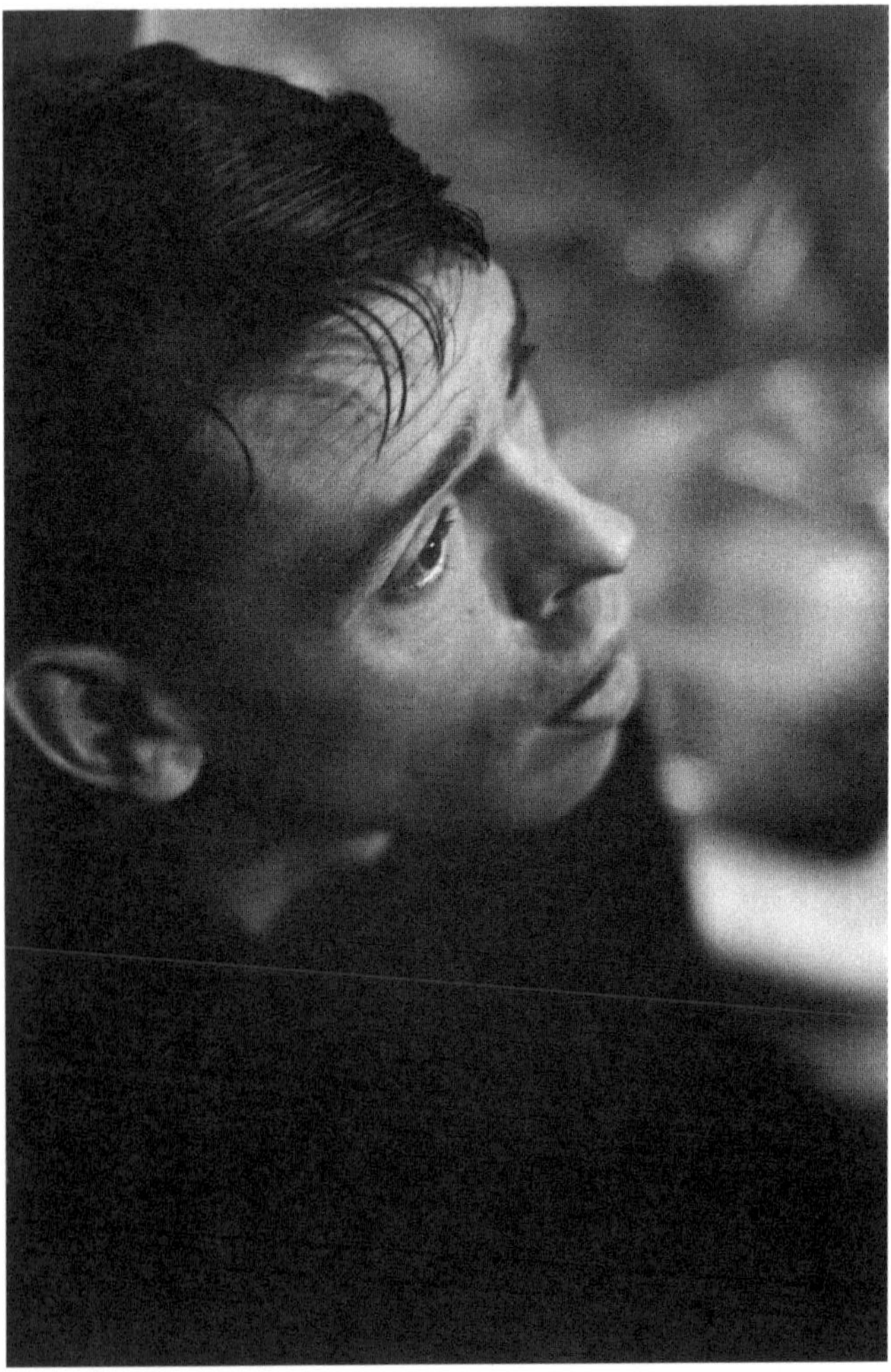

ジャック・ブレル　写真：akg-images/アフロ

※53

ジャック・ブレル　1929年4月8日―1978年10月9日。シンガー・ソングライター、音楽家、俳優。1953年に、78回転のレコード『La foire/Il y a』を発売。アルバム収録曲『OK悪魔』を、ジュリエット・グレコが歌ったことで彼の名が知れわたる。『愛しかない時』(1957年)、『行かないで』(1959年)などがヒット。人気絶頂の1966年に、シャンソンからの引退を表明。その後は、ミュージカルの制作・上演に携わった。

第二十章

ジャック・ブレル様　その二

青井陽治さん※54が訳された『ジャック・ブレルは今日もパリに生きて歌ってる』という、偉大なシャンソン歌手の人生を歌で綴る、アメリカのミュージカルなんですが、それに出演したときにブレルの歌を劇中たくさん歌いました。

そのあとすっかりブレルの大ファンになりました。DVDなんかも全部集めるくらい。

彼は若くして亡くなりましたが、なんと年に300日を超えるステージをこなしていたそうです。

大変な数ですよね。

彼の歌は丸裸、なにも飾っているものがない裸の歌です。

汗だくで歌の間のトークもなく、ただただ機関銃のように歌う。

まさに「歌に命を懸けている」という言葉の通り。

私はすっかり魅了されました。

ブレルの歌は皮肉たっぷりで複雑なところがある歌なんですが、人間というものに優しい、いい歌ばかりです。

彼は短い生涯でしたけれど全力で駆け抜けたんでしょう。

※この章は聞き書きとなります。

※54

青井陽治　1948年3月3日―2017年9月1日。翻訳家、演出家。1969年、劇団四季の演劇研究所に入り、俳優、翻訳家として活動。1976年にはフリーとなり、アメリカ現代劇やミュージカルの翻訳や演出に取組む。主な作品に『真夜中のパーティ』『リトル・ショップ・オブ・ホラーズ』、朗読劇の『ラヴ・レターズ』や訳詩・演出を手掛けた『ジャック・ブレルは今日もパリに生きて歌ってる』などがある。

第二十一章

映画『ベルサイユのばら』

『ベルサイユのばら』は、1979年フランスで映画化されました。

ご覧になった方も多いと思いますが。

正直あまり私には面白くなかった……。

オスカル役には、初めドミニク・サンダ[※55]というドイツ系の女優さんが演じると聞いていたけど、確かイギリス人女優が最終的に決定しました。

可愛らしい人だったけど、とにかく女っぽい！

バストもヒップも大きい！

やっぱりオスカルは中世的じゃなきゃ……。

監督は『シェルブールの雨傘』のジャック・ドゥミ[※56]さん。

奥さまは『5時から7時までのクレオ』などで有名な監督アニエス・バルダ[※57]さん。


私が宝塚を退団した直後だったか、その映画の撮影地パリへ取材に行くことになりました。

ベルサイユ宮殿がそのロケ現場。

ちょっとびっくりですよね。

普通に宮殿の中で撮影しているんですもの。

案内してくださったのは、なんと監督自身。

今考えると凄いことだったと思います。

奥さまも交えて食事をしたことも。

おふたり共亡くなってしまったけれど、サインをもらっておけばよかったなぁ。


休憩時間には庭園内でケータリング。

ロココ風の衣装に盛られたカツラをつけて、俳優さんたちが立ったままムシャムシャお食事。ワイワイ、ガヤガヤ……。

何か不思議な光景でした。

だって王朝の優雅な雰囲気など何処にもないのですから。

まぁ、映画は架空の世界。

仕方ないですね。

やっぱり『ベルサイユのばら』は、宝塚の舞台で観るのが一番素敵だと思いました。

※55　ドミニク・サンダ　1948年3月11日―。ファッション誌『ヴォーグ』などでモデルを務めていた頃、ロベール・ブレッソン監督と知り合い、映画『やさしい女』（1968年）で女優デビュー。その後は、ベルナルド・ベルトルッチ監督作品の『暗殺の森』（1970年）、『1900年』（1976年）に出演。『沈黙の官能』（1976年）では、カンヌ国際映画祭で女優賞を受賞。日本でも人気が高く、1978年にはPARCOのテレビCMに出演した。

※56　ジャック・ドゥミ　1931年6月5日―1990年10月27日。映画監督、脚本家。妻は映画監督のアニエス・ベルダ。1956年に短編処女作『ロワール渓谷の木靴職人』を撮り、以後1959年までに5本の作品を手掛ける。1961年には、長編作『ローラ』で本格的に映画監督としてデビュー。1963年には、カトリーヌ・ドヌーブ主演のミュージカル『シェルブールの雨傘』でカンヌ国際映画祭パルム・ドールを受賞。

※57　アニエス・バルダ　1928年5月30日―2019年3月29日。映画監督、写真家、ビジュアル・アーティスト。1954年『ラ・ポワント・クールト』を自主制作。1961年には、長編映画『5時から7時までのクレオ』を発表。1964年には『幸福』で、ベルリン国際映画祭銀熊賞を受賞。『冬の旅』（1985年）では、ベネチア国際映画祭金獅子賞を受賞。2017年には第90回アカデミー賞で、長年の功績を称え名誉賞が授与された。

第二十二章

映画の話

最近観た映画の話を少ししましょう。


イタリアのテノール歌手、アンドレア・ボチェッリ[※58]の『アンドレア・ボチェッリ 奇跡のテノール』。新宿のピカデリーで観たんですが、とっても良かったです。

盲目の方で、それは素晴らしい歌を歌われる。

その純粋な姿に「私もやらなきゃ！」という気持ちになりました。

それからダリダ[※59]の『ダリダ～あまい囁き～』。

彼女の声というより、彼女が歌った歌が好きだったんです。

彼女のあの美貌が彼女の命を縮めてしまったのかしら。

歌手としての人生、女性としての人生……。

考えさせられました。


エルトン・ジョンの『ロケットマン』にも活力をもらいました。

話題の『ボヘミアン・ラプソディ』、私はＱＵＥＥＮが昔から好きで、フレディ・マーキュリーの歌をよく聴いていたので、彼の知らなかった闇の部分を観て複雑な気持ちになりました。

映画というのは、独りでもふらっと思い立って行けるところがいいですね。

そういえば氷川きよし[※60]さんが、湯川れいこ[※61]さんの訳詞でフレディの歌に挑戦されています。

出来不出来とかではなく、そういう挑戦する姿勢が素晴らしいと思います。

なかなか、できることではないですもの。

※この章は聞き書きとなります。

『アンドリア・ボチェッリ 奇跡のテノール』 写真：Everett Collection/ アフロ

※58
アンドレア・ボチェッリ　1958年9月22日―。テノール歌手。失明という障害を乗り越え弁護士となるが、1994年に歌手デビュー。同年、サンレモ音楽祭新人部門で優勝。1996年に『ヴィアッジョ・イタリアーノ』をヨーロッパで発売。翌年には『ロマンツァ』をリリースし、世界中で大ヒット。激動の半生を綴った自叙伝小説が、2017年に『アンドレア・ボチェッリ 奇跡のテノール』として映画化された。

※59
ダリダ　1933年1月17日―1987年5月3日。シャンソン歌手、映画女優。1954年度ミス・エジプト。1956年に『バンビーノ』で歌手活動を開始すると、わずか2ヵ月で30万枚のヒットを達成し、ゴールドディスクを受賞。1973年には、アラン・ドロンとデュエットした『あまい囁き』も大ヒット。30年以上にわたって国民的スターとして走り続けたフランスの歌姫だったが、54歳のときに自らの命を絶ってしまう。

※60
氷川きよし　1977年9月6日―。福岡県出身。歌手。2000年2月2日、『箱根八里の半次郎』で演歌歌手としてデビュー。同年、日本レコード大賞をはじめとする音楽賞の最優秀新人賞を総なめにした。2017年には、31枚目のシングル『限界突破×サバイバー』が、アニメ『ドラゴンボール超』の主題歌として起用され、そのパワフルな歌声に反響を呼んだ。最近ではInstagramを通して、新たな自身を披露している。

※61

湯川れい子　1936年1月22日―。音楽評論家、作詞家、翻訳家。1959年にジャズ専門誌「スウィング・ジャーナル」に投稿したのをきっかけに、ジャズ評論家として執筆を開始。その後は、80年代に大ヒットしたアン・ルイスの『六本木心中』や小林明子の『恋におちて』など、作詞では500曲以上を手掛けた。エルビス・プレスリーの熱烈なファンであり、ライナーノーツも多数執筆している。

第二十三章

私の生活

楽屋にて

私の生活には結構決まり事があって、午前中は忙しくあっという間に過ぎてしまいます。

「立つ鳥跡を濁さず」という言葉がある通り、出かける前の掃除は欠かせません。

帰宅したときに少しでも散らかっているのが嫌なのです。


夜、休む前にもキチンと片付けて次の日の準備をしてからでないと眠れない。

パジャマも毎日着替えないと気持ち悪いし。

でも若いときはまったく違いました。

40歳ごろかな。

どうしてそうなったのか原因不明ですが。


在団中は遅刻の常習者。

本当にいい加減な生徒でした。

ギリギリに楽屋入りし、終演後はお客さまより早く楽屋を出る。

なんなんでしょうね。

稽古場にも開始時間には行くけれど、予習も、ましてや復習もしない。

怠け者の私でした。
だけどお休みの日には、みんなで食べ歩きしたり映画を観たり。
細いのに大食漢だった私。
ご飯は丼でおかわりもしていました。
焼肉なら軽く三人前。デザートはバナナとあんみつなんて平気で食べていました。
でも体重は40キロ台。
それだけエネルギーを消費していたってことですね。

今のようにネットやスマホなどない時代。
ある意味、自由奔放な宝塚生活だったといえます。
「愛想のないタカラジェンヌ」ナンバーワンだった私。
今ならとっくにクビになっているかも。

友人宅にて

第二十四章

シルバーグレイヘアのこと

これから残りの人生をいかに生きるか。


今の時代、人生100年というけれど、そこまではちょっと無理かなぁ……。

歌えなくなればそこで人生終わるかも。

何しろ最後まで歌っていたい。

ピアノも弾いていたい。

それのみ！

歌にしがみついているわけじゃないけれど、歌えなくなった自分は想像できない。

いつも言うけれど、どんな薬よりも歌が心にも身体にもパワーを与えてくれるのです。

歌に込められた作曲家や作詞家の思いももちろん、それを膨らませ命を吹き込み安奈淳の歌に作り上げていく、その過程は苦しくとも楽しい。

この頃正直なかなか歌詞が覚えられません。

何度も何度も繰り返し……。

プラットホームで電車を待っているとき、お風呂に入っているとき、キッチンに立っているときでさえ覚えようとしています。

もう考えなくても勝手に口からついて出るくらい練習します。
それでも間違える。
忘れる……。
まぁ、いいか！
お客さまには分からないと思うし。
なんて甘えちゃって、反省です。

舞台袖で出番を待っているとき、私の心臓はドキドキ心拍数が上がっていきます。
心臓が飛び出しそうという人がいますが、その通りですね。
深呼吸して時には母の顔を思い出したりして自分を落ち着かせます。
どーんと構えているように見えるけど、とんでもない！
口の中はカラカラ。
幸か不幸か目がすごく悪いから客席はほとんど見えない。
もしはっきり観客の顔が見えたら、現実の世界に戻ってしまいそうな気がします。
歌のラスト。

安堵感と淋しさ。

そして、高揚感が私を包みます。

歌からは離れられない。

離したくない……。


街を歩いていてこの頃、自分がこの年齢になったからか、シルバーグレイヘアの女性がやたら目につくようになりました。

私は肝臓が悪くてヘアダイができなくなって止めたけど、かえってそれが流行に……。

グレイヘアファッション誌も色々と出ています。

この色のいいところは、どんな色でも大体似合うこと。

濃い色の髪のときには、ケバかった原色も不思議としっくりなじみます。

でも反対に、しっかりケアしていないとみすぼらしく見えるから手は抜けません。

私の髪は真っ白にはならないようで、うまい具合に白とグレーが混じり合ってお洒落に見えるみたい。

内臓は悪いところが多いけれど、うまくしたもので神様は平等だ！

髪の毛の多さと歯の丈夫さは少しだけ、ちょっと、自慢できます。

私のルーツは？
あまり考えたことがないけれど、長野県の戸隠神社に祖先のお墓があります。
父も母もそこに眠っています。
私もいずれは……。
神々が集うといわれる聖地。
今は51代目が神主として跡を継いでいます。
清らかな空気、降り注ぐ光、目にしみる緑、心が洗われるような土地です。

２０１８年12月に、父が永眠しました。
富岡家の墓は雪のため大体５月ごろにならないと入れません。
約半年の間、父の遺骨は私の小さな部屋に置かれたまま。
ようやく納骨に行ける日が！
51代目の晋一さんいわく「早く何とかしてくれ！」と父が夢枕に立ったそうです。

父の言いそうなこと……。
今はきっとご先祖さまや母と一緒に、空の彼方で穏やかに過ごしていることでしょう。

自宅にて

第二十五章

五十五周年の記念コンサート…。五十五周年って⁉　あっ！　そうか！

17歳で初舞台をしてから55年たったのね！

よく頑張ってきたもんだ……。って言うか、自分では頑張ってきたつもりは毛頭なくて、一日一日を自分なりに一生懸命生きてきただけ。

大きな病気で何度も危なかったけれど、何とか乗り越えてきました。

今の心境はもういつ死んでもいいかな。って感じも……。

でも、まだまだ歌っていたい！　相反する心が行ったり来たりしています。

発病した50歳から60歳まではほとんど入退院の繰り返し。

何度引退を考えたことか。

この年齢になってやっと、人生の醍醐味と生きている幸せを噛みしめています。

やっぱり生きているって素晴らしい。

この世に生を受けたっていうことは、何か意味があるのですね。

ライトを浴びながら歌うことができて、聴いてくれた人たちが少しでも幸せな気持ちになったり元気になってもらえれば最高！

元気な今が、人生で一番充実し幸せだと思います。

歌っているときはその世界に入り込み主人公になって歌うけれど、歌い手のこれまでの人生の足跡が全て凝縮されて聴衆の耳に届きます。

悲しいつらい経験も歌の栄養になって、その人の味になっている。

短い間だったけれど結婚したことも、苦しい恋をしたことも決して無駄ではなかった。


振り返ってみれば、私は人に恵まれていたとしか言いようがありません。

人は決してひとりでは生きられないと言うけれど、どれほどたくさんの人に助けられてきたか……。

母は独りぼっちで病院のベッドで逝きました。

新しい病院に移るため父が先に出て次の病室で待っていたからです。

人生って丸い輪になっていて最期はつじつまが合うようにできている。

でも、母は……。

私は母の分も生きなければいけないと思います。

最期のときは、手を握って看取ってくれる人がきっといると信じて。

自分の生き方は自分で決める。

私は何のために生まれてきたのか?
自問自答したことも何度もありました。
人付き合いが苦手で、小心者、あがり症。
自分でも嫌いなところは結構あるけれど、好きなところも。
とにかく正直で嘘がつけない。
そして頑固。
年齢と共に、その頑固さも増してきたようです。
自分の生き方は自分で決める。
当たり前のようだけど本当に難しいのです。
でも、もう先が見えている今は伸び伸び生きています。

歌がある限り、歌っていたい。
私はきっと歌うために生まれてきたのかもしれません。
聴いてくださる人がいる限り、歌い続けていきたいと思っています。
また、ステージと客席でお会いしましょう！

舞台裏で

絵を描くということ

安奈淳（以下、安奈）「年賀状の辰年のために描きました。まつ毛がある辰で、可愛いかしらと思って」
高橋正人（以下、高橋）「まつ毛だったんですね」
安奈「ツケマ（つけまつ毛）の龍です」
高橋「素晴らしいですね」
安奈「ありがとうございます」

安奈「この顔は、もう随分前に描いた絵ですけども。頬紅の少しピンクなところは、自分の使っていた化粧品のなんか残りの筆にあるのをいいかなぁと思って、使ったの」

高橋「あぁ、これですね」

安奈「自分の化粧品の頬紅の残りを付けたの」

高橋「付けたの?」

安奈「口紅も紅筆に残っていたものをチュチュチュチュって。だから絵具じゃないの。化粧品です」

高橋「これは自画像でありませんか?」

安奈「いいえ、違います」(笑)

安奈「これは別に何も思わずに描いたの」
高橋「これは椅子の絵ですね」
安奈「フランスの田舎にある小屋と、そこにある壊れかけた木の椅子。ブルーのホーローのカップ」
高橋「どこか旅行に行ったときに見ましたか?」
安奈「いいえ。自分のイメージで」

安奈「これも、いつ描いたか忘れましたね。大分昔に描いた……」
高橋「ショートカットの、ブルーのとっくり（ハイネック）」
安奈「ちょっと、首長族みたいですけど」
高橋「これもフランスの女の子？」
安奈「いやぁ～。これは性別が不明ですね」

安奈「これは自分をイメージして描いていますね。若いときの」
高橋「ＭＩＫＩって書いてありますね。Ｔシャツに」
安奈「これも大分前に描いた絵ですね。いつ描いたか忘れましたね」

MIKI

安奈「これは帽子をかぶった……。これはごく最近です」
高橋「田植えをしています？」
安奈「草むしり。農家の女の子」

Vegetation
Green

高橋「男装の麗人？」
安奈「男装の麗人というよりも、吸血鬼をイメージして描いたの」
高橋「バンパイア……」
安奈「そう、バンパイアなの。ちょっとお洒落なバンパイアっていうイメージで描いたんです。バラの、こう、血が滴っているところが一応ミソなの」
高橋「少女漫画のような」
安奈「えぇ。漫画ちっくなの」

安奈「これは、〝Heart〟と書いてありますけど。〝いつまでも幼い心を忘れずに〟というイメージですね」

高橋「なるほど、なるほど」

安奈「卵の形をね」

Heart
anna jun

安奈「これも何てことはないんですけど。シャンソンの枯葉をイメージして……」

安奈「この金髪の女の子は、夏のバカンスに南フランスにいる女の子をイメージして描きました」

高橋「青い瞳のね」

安奈「これは看護婦さんなんですよ。外国の看護婦さんみたいな感じで描いたんですよ」

高橋「日本？　フランス？」

安奈「どこか忘れたけど……。忘れたっていうか。イメージは外国の看護婦さんとか、家政婦さんとか。何かそういうような。働いている女の人って感じ」

Daiane

安奈「これはですね。何も考えずに描いているんだけども。南の国の女の人。フランスかぶれで嫌みたいですけども。南フランスのマダムというよりも、お姉ちゃんっていう感じ」
高橋「元の絵とかが、あったりしますか？」
安奈「ないの」
高橋「まったくゼロから？」
安奈「自分の頭から」

Cynthia

安奈淳リサイタル

2019年3月20日金曜 15時開演　21日土曜 13時開演
イイノホール
全席指定12.000円

歌唱曲（予定）

一部
港が見える丘
テネシーワルツ
ブルースカイ
すみれの花咲くころ
愛あればこそ
愛の巡礼
ディスデ　アケルディーア
じっとこうして
朱いけしの花
アマールアマール
愛の宝石

二部
時計
黄昏のビギン
別れの朝
想い出のサンフランシスコ
忘れないわ
she 忘れじの面影
貴婦人
コメディアン
そして今は
歌ある限り

構成　安奈淳
企画　高橋正人（アルマムジカ）
ステージディレクター　斎藤憲三（オフィスバトゥータ）
制作補　長谷川瑛未（アルマムジカ）
音楽監督　清水ゆかり

制作　A PEOPLE アルマムジカ　オフィスバトゥータ
主催　アルマムジカ
協力　みきの会

JUN ANNA RECITAL du PRINTEMPS 2020
安奈淳
リサイタル
2020年3月20日(金・祝)15:00
21日(土) 13:00
入場料 12,000円(税込/全席指定)
会 場 イイノホール
(東京メトロ千代田線霞ヶ関駅直結)
主な楽曲(予定)
レスト/僕の愛/愛の夢/
朱いけしの花/愛の宝石/
アマール・アマール/
ディスデ・アケル・ディーア
ほか
※会場でサイン入り本を販売いたしますが、サイン会は行いません。
一般販売 12月3日(火) チケットぴあ(Pコード:171-570)
《公演問い合わせ》
アルマムジカ事務局 長谷川 080-4448-9228(平日11:00~18:00)
構成 安奈淳 | 企画 高橋まさひと | ステージディレクター | 音楽監督 | 制作補 長谷川
制作 A PEOPLE(株) アルマムジカ オフィスパトゥータ | 主催 アルマムジカ
協力 みきの会

宝塚時代　全出演舞台作品

「われら花を愛す」　1965年3月3日～3月23日　宝塚大劇場　花組
演出：菅沼潤　出演：星空ひかる　麻鳥千穂　美吉左久子　水穂葉子　近衛真理　白雪式
娘　甲にしき　桃山千歳

「エスカイヤ・ガールス」　1965年3月3日～3月23日　宝塚大劇場　花組
演出：鴨川清作　出演：那智わたる　星空ひかる　麻鳥千穂　甲にしき　美和久百合　近
衛真理　亜矢ゆたか　淡路通子

「ゴールデン・シャドウ」　1965年9月2日～9月30日　宝塚大劇場　雪組
演出：鴨川清作　出演：内重のぼる　八汐路まり　松乃美登里　加茂さくら　大路三千緒
南原美佐保　汀夏子　高宮沙千

「南蛮屏風」　1966年4月28日～5月31日　宝塚大劇場　雪組
演出：植田紳爾　出演：真帆志ぶき　松乃美登里　大路三千緒　日夏悠理　三鷹恵子　岬
ありさ　安芸ひろみ　牧美佐緒

「春風とバイオリン」　1966年4月28日〜5月31日　宝塚大劇場　雪組
演出：高木史朗　出演：真帆志ぶき　安芸ひろみ　大路三千緒　清川はやみ　松乃美登里
日夏悠理　姫由美子　汀夏子

「微風とバイオリン」　1966年8月3日〜8月31日　東京宝塚劇場　雪組
演出：高木史朗　出演：真帆志ぶき　安芸ひろみ　大路三千緒　清川はやみ　松乃美登里
日夏悠理　姫由美子　汀夏子

「藍と白と紅」　1966年8月3日〜8月31日　東京宝塚劇場　雪組
演出：渡辺武雄　出演：真帆志ぶき　松乃美登里　大路三千緒　三鷹恵子　牧美佐緒　安芸ひろみ　亜矢ゆたか　木花咲耶

「LOVE! LOVE! LOVE!」　1966年10月1日〜10月27日　宝塚大劇場　雪組
演出：鴨川清作　出演：真帆志ぶき　牧美佐緒　松乃美登里　安芸ひろみ　亜矢ゆたか

姫由美子　可奈潤子　三鷹恵子

「タカラジェンヌに乾杯!」　1967年3月2日〜3月23日　宝塚大劇場　雪組
演出：横澤秀雄　出演：真帆志ぶき　如月美和子　松乃美登里　加茂さくら　安芸ひろみ
三鷹恵子　牧美佐緒　木花咲耶

「世界はひとつ」　1967年4月28日〜5月31日　宝塚大劇場　雪組
演出：内海重典　出演：真帆志ぶき　安芸ひろみ　牧美佐緒　松乃美登里　姫由美子　三
鷹恵子　木花咲耶　大路三千緒

「LOVE! LOVE! LOVE!」　1967年7月1日〜7月28日　東京宝塚劇場　雪組
演出：鴨川清作　出演：真帆志ぶき　牧美佐緒　松乃美登里　安芸ひろみ　亜矢ゆたか
姫由美子　可奈潤子　三鷹恵子

「花のオランダ坂」　1967年9月1日〜9月28日　宝塚大劇場　雪組

演出：菊田一夫　鴨川清作　出演：真帆志ぶき　加茂さくら　松乃美登里　大路三千緒　可奈潤子　牧美佐緒　亜矢ゆたか　竹里早代

「シャンゴ」　1967年9月1日〜9月28日　宝塚大劇場　雪組
演出：鴨川清作　出演：真帆志ぶき　牧美佐緒　松乃美登里　亜矢ゆたか　木花咲耶　大路三千緒　可奈潤子　美高悠子

「LOVE! LOVE! LOVE!」　1967年10月2日〜10月10日　地方公演　雪組
演出：鴨川清作　出演：真帆志ぶき　牧美佐緒　松乃美登里　安芸ひろみ　亜矢ゆたか　姫由美子　可奈潤子　三鷹恵子

「花のオランダ坂」　1967年11月2日〜11月26日　東京宝塚劇場　雪組
演出：菊田一夫　鴨川清作　出演：真帆志ぶき　加茂さくら　松乃美登里　大路三千緒　可奈潤子　牧美佐緒　亜矢ゆたか　竹里早代

「シャンゴ」　1967年11月2日〜11月26日　東京宝塚劇場　雪組
演出：鴨川清作　出演：真帆志ぶき　牧美佐緒　松乃美登里　亜矢ゆたか　木花咲耶　大路三千緒　可奈潤子　美高悠子

「赤毛のあまっこ」　1968年2月2日〜2月27日　宝塚大劇場　星組
演出：柴田侑宏　出演：上月晃　初風諄　天城月江　南原美佐保　深山しのぶ　若山かずみ　大空美鳥　富士ます美

「虹を追って」　1968年2月2日〜2月27日　宝塚大劇場　星組
演出：高木史朗　出演：上月晃　初風諄　南原美佐保　美吉左久子　清川はやみ　天城月江　水代玉藻　司このみ

「シャンゴ」　1968年3月1日〜3月26日　宝塚大劇場　雪組
演出：鴨川清作　出演：真帆志ぶき　牧美佐緒　松乃美登里　亜矢ゆたか　木花咲耶　大路三千緒　可奈潤子　美高悠子

「赤毛のあまっこ」　1968年4月3日～4月28日　東京宝塚劇場　星組
演出：柴田侑宏　出演：上月晃　初風諄　天城月江　南原美佐保　深山しのぶ　若山かずみ　大空美鳥　富士ます美

「虹を追って」　1968年4月3日～4月28日　東京宝塚劇場　星組
演出：高木史朗　出演：上月晃　初風諄　南原美佐保　美吉左久子　清川はやみ　天城月江　水代玉藻　司このみ

「ヤング・メイト」　1968年6月1日～6月27日　宝塚大劇場　星組
演出：海野洋司　出演：初風諄　南原美佐保　如月美和子　富士ます美　若山かずみ　司このみ　鳳蘭　天城月江

「追憶のアンデス」　1968年6月1日～6月27日　宝塚大劇場　星組
演出：内海重典　出演：上月晃　初風諄　天城月江　水代玉藻　瑠璃豊美　南原美佐保

富士ます美　司このみ
「ヤング・メイト」　1968年8月3日～8月29日　東京宝塚劇場　星組
演出：海野洋司　出演：初風諄　南原美佐保　如月美和子　富士ます美　若山かずみ　司
このみ　鳳蘭　天城月江
「追憶のアンデス」　1968年8月3日～8月29日　東京宝塚劇場　星組
演出：内海重典　出演：上月晃　初風諄　天城月江　水代玉藻　瑠璃豊美　南原美佐保
富士ます美　司このみ
「千姫」　1968年10月2日～10月30日　宝塚大劇場　星組
演出：菅沼潤　出演：上月晃　初風諄　南原美佐保　瑠璃豊美　天城月江　清川はやみ
水代玉藻　如月美和子
「7─セブン─」　1968年10月2日～10月30日　宝塚大劇場　星組

演出：高木史朗　出演：上月晃　初風諄　南原美佐保　若山かずみ　如月美和子　鳳蘭

「世界はひとつ」　1968年11月8日～11月12日　地方公演　星組
演出：内海重典　出演：真帆志ぶき　安芸ひろみ　牧美佐緒　松乃美登里　姫由美子　三鷹恵子　木花咲耶　大路三千緒

「雪月花」　1968年11月8日～11月12日　地方公演　星組　演出：植田紳爾

「7-セブン-」　1969年1月2日～1月28日　新宿コマ劇場　星・月組
演出：高木史朗　出演：上月晃　初風諄　南原美佐保　若山かずみ　如月美和子　鳳蘭

「シルクロード」　1969年3月27日～4月24日　宝塚大劇場　星組
演出：高木史朗　出演：上月晃　南原美佐保　初風諄　天城月江　水代玉藻　美吉左久子　鳳蘭　若山かずみ

「シルクロード」　1969年6月2日〜6月29日　東京宝塚劇場　星組
演出：高木史朗　出演：上月晃　南原美佐保　初風諄　天城月江　水代玉藻　美吉左久子
鳳蘭　若山かずみ

「7－セブン－」　1969年7月23日〜7月27日　福岡公演　星組
演出：高木史朗　出演：上月晃　初風諄　南原美佐保　若山かずみ　如月美和子　鳳蘭

「椎葉の夕笛」　1969年9月4日〜9月30日　宝塚大劇場　星組
演出：植田紳爾　出演：上月晃　初風諄　美吉左久子　南原美佐保　瑠璃豊美　富士ます
美　水代玉藻　如月美和子

「セ・ラ・ビィ」　1969年9月4日〜9月30日　宝塚大劇場　星組
演出：内海重典　横澤秀雄　出演：上月晃　南原美佐保　初風諄　鳳蘭　司このみ　富士
ます美　如月美和子　姫由美子

「ラブ・パレード」　1969年10月2日〜10月29日　宝塚大劇場　雪組
演出：白井鐵造　出演：真帆志ぶき　八汐路まり　鳳蘭　冨士野高嶺　汀夏子　大原ますみ　牧美佐緒　清川はやみ

「安寿と厨子王」　1969年12月2日〜12月21日　宝塚大劇場　星組
演出：阿古健　出演：南原美佐保　初風諄　美吉左久子　瑠璃豊美　水代玉藻　如月美和子　椿友里　鳳蘭

「タカラヅカ'69」　1969年12月2日〜12月21日　宝塚大劇場　星組
演出：岡田敬二　出演：南原美佐保　初風諄　鳳蘭　如月美和子　富士ます美　司このみ　姫由美子　美吉左久子

「ラブ・パレード」　1970年1月2日〜1月28日　新宿コマ劇場　雪組
演出：白井鐵造　出演：真帆志ぶき　八汐路まり　鳳蘭　冨士野高嶺　汀夏子　大原ますみ　牧美佐緒　清川はやみ

「舞踊交響詩いろはにほへと」　1970年1月2日〜1月28日　新宿コマ劇場　雪組
演出：鴨川清作　出演：真帆志ぶき　牧美佐緒　亜矢ゆたか　松本悠里　鳳蘭　大原ますみ　汀夏子　三鷹恵子

「安寿と厨子王」　1970年3月6日〜3月29日　東京宝塚劇場　星組
演出：阿古健　出演：南原美佐保　初風諄　美吉左久子　瑠璃豊美　水代玉藻　如月美和子　椿友里　鳳蘭

「セ・ラ・ヴィ」　1970年3月6日〜3月29日　東京宝塚劇場　星組
演出：内海重典　横澤秀雄　出演：上月晃　南原美佐保　初風諄　鳳蘭　司このみ　富士ます美　如月美和子　姫由美子

「恋に朽ちなん」　1970年5月8日〜5月26日　宝塚大劇場　星組
演出：柴田侑宏　出演：南原美佐保　初風諄　瑠璃豊美　水代玉藻　富士ます美　鳳蘭　椿友里　神路千鶴

「ハロー！タカラヅカ」　1970年5月8日〜5月26日　宝塚大劇場　星組
演出：鴨川清作　出演：上月晃　鳳蘭　如月美和子　南原美佐保　初風諄　富士ます美
羽山紀代美　水代玉藻

「僕は君」　1970年8月1日〜8月31日　宝塚大劇場　星組
演出：白井鐵造　出演：鳳蘭　初風諄　美吉左久子　富士野高嶺　大原ますみ　沖ゆき子
水代玉藻　椿友里

「ザ・ビッグ・ワン」　1970年8月1日〜8月31日　宝塚大劇場　星組
演出：横澤秀雄　出演：上月晃　初風諄　鳳蘭　大空美鳥　若山かず美　大原ますみ　羽
山紀代美　神路千鶴

「僕は君」　1970年9月30日〜10月28日　新宿コマ劇場　星組
演出：白井鐵造　出演：鳳蘭　初風諄　美吉左久子　富士野高嶺　大原ますみ　沖ゆき子

水代玉藻　椿友里

「ザ・ビッグ・ワン」　1970年9月30日〜10月28日　新宿コマ劇場　星組
演出：横澤秀雄　出演：上月晃　初風諄　鳳蘭　大空美鳥　若山かず美　大原ますみ　羽山紀代美　神路千鶴

「ジプシー伯爵」　1970年12月2日〜12月20日　宝塚大劇場　星組
演出：阿古健　出演：鳳蘭　大原ますみ　沖ゆき子　美吉左久子　瑠璃豊美　深山しのぶ　椿友里　但馬久美

「恋人たち」　1970年12月2日〜12月20日　宝塚大劇場　星組
演出：大関弘政　出演：鳳蘭　大原ますみ　初風諄　如月美和子　但馬久美　若山かず美　大空美鳥　羽山紀代美

「星の牧場」　1971年1月30日〜2月25日　宝塚大劇場　星組

原作：庄野英二　演出：高木史朗　出演：鳳蘭　美吉左久子　水代玉藻　若山かず美　如月美和子　大原ますみ　但馬久美　深山しのぶ

「オー！ビューティフル」　1971年1月30日〜2月25日　宝塚大劇場　星組
演出：横澤英雄　出演：鳳蘭　大原ますみ　但馬久美　大空美鳥　椿友里　碧美沙　水代玉藻　深山しのぶ

「星の牧場」　1971年4月3日〜4月27日　東京宝塚劇場　星組
原作：庄野英二　演出：高木史朗　出演：鳳蘭　美吉左久子　水代玉藻　若山かず美　如月美和子　大原ますみ　但馬久美　深山しのぶ

「オー！ビューティフル」　1971年4月3日〜4月27日　東京宝塚劇場　星組
演出：横澤英雄　出演：鳳蘭　大原ますみ　但馬久美　大空美鳥　椿友里　碧美沙　水代玉藻　深山しのぶ

「いのちある限り」　1971年5月29日〜6月29日　宝塚大劇場　星組
演出：柴田侑宏　出演：鳳蘭　大原ますみ　美吉左久子　水代玉藻　衣通月子　神路千鶴　瑠璃豊美　若山かず美

「ノバ・ボサ・ノバ」　1971年5月29日〜6月29日　宝塚大劇場　星組
演出：鴨川清作　出演：真帆志ぶき　鳳蘭　大原ますみ　牧美佐緒　水代玉藻　美吉左久子　大空美鳥　衣通月子

「いのちある限り」　1971年7月14日〜7月27日　地方公演　星組
演出：柴田侑宏　出演：鳳蘭　大原ますみ　美吉左久子　水代玉藻　衣通月子　神路千鶴　瑠璃豊美　若山かず美

「ビューティフル・タカラヅカ」　1971年7月14日〜7月27日　地方公演　星組
演出：鴨川清作

「我が愛は山の彼方に」　１９７１年８月27日～９月28日　宝塚大劇場　星組
脚本：植田紳爾　演出：長谷川一夫　出演：鳳蘭　大原ますみ　沖ゆき子　天城月江　水代玉藻　但馬久美　美吉左久子　瑠璃豊美

「我が愛は山の彼方に」　１９７１年11月２日～11月28日　東京宝塚劇場　星組
脚本：植田紳爾　演出：長谷川一夫　出演：鳳蘭　大原ますみ　沖ゆき子　天城月江　水代玉藻　但馬久美　美吉左久子　瑠璃豊美

「愛のコンチェルト」　１９７１年11月２日～11月28日　東京宝塚劇場　星組
演出：鴨川清作　出演：真帆志ぶき　鳳蘭　天城月江　美吉左久子　水代玉藻　如月美和子　大空美鳥　椿友里

「いつの日か逢わん」　１９７２年１月１日～１月27日　宝塚大劇場　星組
原作：平岩弓枝　演出：柴田侑宏　出演：春日野八千代　美吉左久子　大原ますみ　鳳蘭　瑠璃豊美　水代玉藻　深山しのぶ　若山かず美

「愛のコンチェルト」　1972年1月1日〜1月27日　宝塚大劇場　星組
演出：鴨川清作　出演：真帆志ぶき　鳳蘭　天城月江　美吉左久子　水代玉藻　如月美和子　大空美鳥　椿友里

「いつの日か逢わん」　1972年3月2日〜3月29日　東京宝塚劇場　星組
原作：平岩弓枝　演出：柴田侑宏　出演：春日野八千代　美吉左久子　大原ますみ　鳳蘭
瑠璃豊美　水代玉藻　深山しのぶ　若山かず美

「ノバ・ボサ・ノバ」　1972年3月2日〜3月29日　東京宝塚劇場　星組
演出：鴨川清作　出演：真帆志ぶき　鳳蘭　大原ますみ　牧美佐緒　水代玉藻　美吉左久子　大空美鳥　衣通月子

「いのちある限り」　1972年4月9日〜4月20日　中日劇場　星組
演出：柴田侑宏　出演：鳳蘭　大原ますみ　美吉左久子　水代玉藻　衣通月子　神路千鶴
瑠璃豊美　若山かず美

「ノバ・ボサ・ノバ」　1972年4月9日～4月20日　中日劇場　星組
演出：鴨川清作　出演：真帆志ぶき　鳳蘭　大原ますみ　牧美佐緒　水代玉藻　美吉左久子　大空美鳥　衣通月子

「美しき日本」　1972年7月1日～7月27日　宝塚大劇場　星組
演出：白井鐵造　出演：鳳蘭　大原ますみ　美吉左久子　衣通月子　如月美和子　松あきら　奈緒ひろき　牧原なおき

「さすらいの青春」　1972年7月1日～7月27日　宝塚大劇場　星組
演出：内海重典　出演：鳳蘭　大原ますみ　美吉左久子　瑠璃豊美　如月美和子　深山しのぶ　松あきら　但馬久美

「ザ・フラワー」　1972年8月1日～8月28日　東京宝塚劇場　雪・星組
演出：鴨川清作　出演：郷ちぐさ　鳳蘭　汀夏子　順みつき　松あきら　高宮沙千　大原

ますみ　但馬久美
「ハロー!タカラヅカ」　1972年9月13日〜9月30日　地方公演　星組
演出：鴨川清作　出演：上月晃　鳳蘭　如月美和子　南原美佐保　初風諄　富士ます美
羽山紀代美　水代玉藻
「春夏秋冬」　1972年9月13日〜9月30日　地方公演　星組
演出：鴨川清作
「花の若武者」　1972年11月2日〜11月30日　宝塚大劇場　星組
演出：植田紳爾　出演：鳳蘭　神代錦　美吉左久子　瑠璃豊美　大原ますみ　水代玉藻
但馬久美　椿友里
「アラベスク」　1972年11月2日〜11月30日　宝塚大劇場　星組
演出：酒井澄夫　出演：鳳蘭　大原ますみ　美吉左久子　大空美鳥　衣通月子　羽山紀代

美　松あきら　神路千鶴

「シャイニング・ナウ！」　1972年12月2日〜12月12日　宝塚大劇場　合同

演出：横澤秀雄　出演：真帆志ぶき　甲にしき　古城都　初風諄　鳳蘭　大原ますみ　汀夏子　榛名由梨

「花の若武者」　1973年1月2日〜1月28日　新宿コマ劇場　星組

演出：植田紳爾　出演：鳳蘭　神代錦　美吉左久子　瑠璃豊美　大原ますみ　水代玉藻　但馬久美　椿友里

「アラベスク」　1973年1月2日〜1月28日　新宿コマ劇場　星組

演出：酒井澄夫　出演：鳳蘭　大原ますみ　美吉左久子　大空美鳥　衣通月子　羽山紀代　美　松あきら　神路千鶴

「花かげろう」　1973年3月24日〜4月25日　宝塚大劇場　星組

演出：植田紳爾　出演：鳳蘭　大原ますみ　美吉左久子　椿友里　水代玉藻　深山しのぶ
但馬久美　瑠璃豊美
「ラ・ラ・ファンタシーク」　1973年3月24日～4月25日　宝塚大劇場　星組
演出：鴨川清作　出演：鳳蘭　大原ますみ　水代玉藻　深山しのぶ　美吉左久子　椿友里
大空美鳥　羽山紀代美
「花かげろう」　1973年6月2日～6月27日　東京宝塚劇場　星組
演出：植田紳爾　出演：鳳蘭　大原ますみ　美吉左久子　椿友里　水代玉藻　深山しのぶ
但馬久美　瑠璃豊美
「ラ・ラ・ファンタシーク」　1973年6月2日～6月27日　東京宝塚劇場　星組
演出：鴨川清作　出演：鳳蘭　大原ますみ　水代玉藻　深山しのぶ　美吉左久子　椿友里
大空美鳥　羽山紀代美

「この恋は雲の涯まで」　1973年8月29日〜9月27日　宝塚大劇場　星組
演出・振付：尾上松緑　原作・演出：植田紳爾　出演：鳳蘭　大原ますみ　麻月鞠緒　美吉左久子　水代玉藻　瑠璃豊美　椿友里　衣通月子

「いのちある限り」　1973年10月10日〜10月25日　地方公演　星組
演出：柴田侑宏　出演：鳳蘭　大原ますみ　美吉左久子　水代玉藻　衣通月子　神路千鶴　瑠璃豊美　若山かず美

「アラベスク」　1973年10月10日〜10月25日　地方公演　星組
演出：酒井澄夫　出演：鳳蘭　大原ますみ　美吉左久子　大空美鳥　衣通月子　羽山紀代美　松あきら　神路千鶴

「浮舟と薫の君」　1973年12月5日〜12月23日　宝塚大劇場　星組
演出：酒井澄夫　出演：美吉左久子　衣通月子　瑠璃豊美　深山しのぶ　但馬久美　水代玉藻　沢かをり　桐生のぼる

「ゴールデン・サウンド」　1973年12月5日～12月23日　宝塚大劇場　星組
演出：小原弘亘　出演：鳳蘭　大原ますみ　大空美鳥　衣通月子　沢かをり　奈緒ひろき
但馬久美　羽山紀代美

「百花扇」　1974年1月20日～2月5日　地方公演　星組　演出：鴨川清作

「アラベスク」　1974年1月20日～2月5日　地方公演　星組
演出：酒井澄夫　出演：鳳蘭　大原ますみ　美吉左久子　大空美鳥　衣通月子　羽山紀代
美　松あきら　神路千鶴

「ロマン・ロマンチック」　1974年2月28日～3月21日　宝塚大劇場　雪組
演出：横澤秀雄　出演：汀夏子　順みつき　高宮沙千　摩耶明美　麻実れい　浦路夏子
木花咲耶　美高悠子

「虞美人」　1974年4月26日～5月23日　宝塚大劇場　花・星組

演出：白井鐵造　出演：松あきら　麻月鞠緒　美吉左久子　上原まり　瀬戸内美八　水穂葉子　美吉野一也　室町あかね

「インスピレーション」　1974年5月25日～6月25日　宝塚大劇場　雪組
演出：鴨川清作　出演：汀夏子　高宮沙千　順みつき　玉梓真紀　麻実れい　美高悠子　木花咲耶　浦路夏子

「虞美人」　1974年7月5日～7月28日　東京宝塚劇場　花・星組
演出：白井鐵造　出演：松あきら　麻月鞠緒　美吉左久子　上原まり　瀬戸内美八　水穂葉子　美吉野一也　室町あかね

「ゴールデン宝塚60」　1974年7月5日～7月28日　東京宝塚劇場　花・星組
演出：内海重典　出演：松あきら　瀬戸内美八　麻月鞠緒　有花みゆ紀　上原まり　室町あかね　新城まゆみ　舞小雪

「インスピレーション」　1974年8月1日〜8月29日　東京宝塚劇場　雪組
演出：鴨川清作　出演：汀夏子　高宮沙千　順みつき　玉梓真紀　麻実れい　美高悠子
木花咲耶　浦路夏子
「アン・ドゥ・トロワ」　1974年9月28日〜10月29日　宝塚大劇場　花組
演出：小原弘亘　出演：松あきら　瀬戸内美八　上原まり　有花みゆ紀　麻月鞠緒　室町
あかね　三井魔乎　八汐みちる
「アン・ドゥ・トロワ」　1975年1月4日〜1月28日　新宿コマ劇場　花組
演出：小原弘亘　出演：松あきら　瀬戸内美八　上原まり　有花みゆ紀　麻月鞠緒　室町
あかね　三井魔乎　八汐みちる
「夢みる恋人たち」　1975年3月1日〜3月25日　宝塚大劇場　花組
演出：大関弘政　出演：榛名由梨　松あきら　有花みゆ紀　千草美景　清川はやみ　水穂
葉子　上原まり　麻月鞠緒

「ボン・バランス」　1975年3月1日〜3月25日　宝塚大劇場　花組
演出：横澤秀雄　出演：榛名由梨　松あきら　麻月鞠緒　上原まり　有花みゆ紀　千草美景　大空美鳥　室町あかね

「ボン・バランス」　1975年5月10日〜5月20日　福岡スポーツセンター　花組
演出：横澤秀雄　出演：榛名由梨　松あきら　麻月鞠緒　上原まり　有花みゆ紀　千草美景　大空美鳥　室町あかね

「春鶯囀」　1975年5月10日〜5月20日　福岡スポーツセンター　花組
演出：植田紳爾　出演：春日野八千代　榛名由梨　梓真弓　千草美景　松あきら　麻月鞠緒　上原まり　明日香都

「ベルサイユのばら―アンドレとオスカル―」　1975年7月3日〜8月12日　宝塚大劇場　花組

演出：長谷川一夫　植田紳爾　出演：榛名由梨　上原まり　神代錦　松あきら　千草美景
有花みゆ紀　水穂葉子　沖ゆき子
「ボン・バランス」　1975年8月28日〜9月24日　地方公演　花組
演出：横澤秀雄　出演：榛名由梨　松あきら　麻月鞠緒　上原まり　有花みゆ紀　千草美
景　大空美鳥　室町あかね
「ベルサイユのばら―アンドレとオスカル―」　1975年11月1日〜11月27日　東京宝塚劇
場　花組
演出：長谷川一夫　植田紳爾　出演：榛名由梨　上原まり　神代錦　松あきら　千草美景
有花みゆ紀　水穂葉子　沖ゆき子
「あかねさす紫の花」　1976年2月19日〜3月23日　宝塚大劇場　花組
演出：柴田侑宏　出演：榛名由梨　上原まり　千草美景　麻月鞠緒　松あきら　恵さかえ
明日香都　八汐みちる

「ビューティフル・ピープル」　１９７６年2月19日〜3月23日　宝塚大劇場　花組
演出：岡田敬二　出演：榛名由梨　松あきら　麻月鞠緒　千草美景　銀あけみ　上原まり
室町あかね　立ともみ

「ベルサイユのばらⅡ－アンドレとオスカル－」　１９７６年4月15日〜6月22日　地方公演
花組
演出：長谷川一夫　植田紳爾　出演：榛名由梨　上原まり　神代錦　松あきら　千草美景
有花みゆ紀　水穂葉子　沖ゆき子

「ベルサイユのばらⅡ－アンドレとオスカル－」　１９７６年6月30日〜7月11日　中日劇場
花組
演出：長谷川一夫　植田紳爾　出演：榛名由梨　上原まり　神代錦　松あきら　千草美景
有花みゆ紀　水穂葉子　沖ゆき子

「うつしよ紅葉」　1976年8月12日～9月28日　宝塚大劇場　花組
演出：植田紳爾　尾上松緑　出演：上原まり　美吉左久子　みさとけい　瑠璃豊美　新城
まゆみ　松あきら　麻月鞠緒　汐見里佳

「ノバ・ボサ・ノバ」　1976年8月12日～9月28日　宝塚大劇場　花組
演出：鴨川清作　出演：美吉左久子　みさとけい　麻月鞠緒　松あきら　明日香都　室町
あかね　裕樹叶（美野真奈）恵さかえ

「うつしよ紅葉」　1976年10月29日～11月28日　東京宝塚劇場　花組
演出：植田紳爾　尾上松緑　出演：上原まり　美吉左久子　みさとけい　瑠璃豊美　新城
まゆみ　松あきら　麻月鞠緒　汐見里佳

「ノバ・ボサ・ノバ」　1976年10月29日～11月28日　東京宝塚劇場　花組
演出：鴨川清作　出演：美吉左久子　みさとけい　麻月鞠緒　松あきら　明日香都　室町
あかね　裕樹叶(美野真奈)恵さかえ

「朱雀門の鬼」　1977年1月1日〜2月15日　宝塚大劇場　花組
演出：北條秀司　植田紳爾　出演：天津乙女　美吉左久子　恵さかえ　松あきら　室町あかね　みさとけい　麻月鞠緒　明日香都

「ル・ピエロ」　1977年1月1日〜2月15日　宝塚大劇場　花組
演出：酒井澄夫　出演：松あきら　みさとけい　上原まり　麻月鞠緒　美吉左久子　室町あかね　汐見里佳　高宮沙千

「うつしよ桜」　1977年3月3日〜3月13日　中日劇場　花組
演出：植田紳爾　尾上松緑　出演：上原まり　美吉左久子　みさとけい　瑠璃豊美　新城まゆみ　松あきら　麻月鞠緒　汐見里佳

「ノバ・ボサ・ノバ」　1977年3月3日〜13日　中日劇場　花組
演出：鴨川清作　出演：美吉左久子　みさとけい　麻月鞠緒　松あきら　明日香都　室町

あかね　裕樹叶(美野真奈)　恵さかえ
「朱雀門の鬼」　1977年4月1日～4月28日　東京宝塚劇場　花組
演出：北條秀司　植田紳爾　出演：天津乙女　美吉左久子　恵さかえ　松あきら　室町あ
かね　みさとけい　麻月鞠緒　明日香都
「ル・ピエロ」　1977年4月1日～4月28日　東京宝塚劇場　花組
演出：酒井澄夫　出演：松あきら　みさとけい　上原まり　麻月鞠緒　美吉左久子　室町
あかね　汐見里佳　高宮沙千
「砂の花」　1977年6月3日～6月28日　帝国劇場
演出：窪田篤人　出演：長谷川一夫　尾上梅幸　朝丘雪路　林成年　松永てるほ　春日野
八千代　甲にしき　長谷川稀世
「宝舞抄」　1977年8月11日～9月27日　宝塚大劇場　花組

演出：白井鐵造　出演：春日野八千代　北原千琴　上原まり　明日香都　宝純子　寿ひづる　邦月美岐　銀あけみ

「ザ・レビュー」　1977年8月11日〜9月27日　宝塚大劇場　花組
演出：横澤秀雄　岡田敬二　草野旦　出演：北原千琴　松あきら　上原まり　室町あかね　みさとけい　明日香都　邦月美岐　寿ひづる

「宝舞抄」　1977年12月3日〜12月27日　東京宝塚劇場　花組
演出：白井鐵造　出演：春日野八千代　北原千琴　上原まり　明日香都　宝純子　寿ひづる　邦月美岐　銀あけみ

「ザ・レビュー」　1977年12月3日〜12月27日　東京宝塚劇場　花組
演出：横澤秀雄　岡田敬二　草野旦　出演：北原千琴　松あきら　上原まり　室町あかね　みさとけい　明日香都　邦月美岐　寿ひづる

「風と共に去りぬ」　1978年2月16日～3月22日　宝塚大劇場　花組
演出：植田紳爾　阿古健　出演：麻月鞠緒（榛名由梨・鳳蘭）水穂葉子　美吉左久子
北原千琴　松あきら　みさとけい　上原まり　深山しのぶ

「風と共に去りぬ」　1978年4月30日～5月7日　福岡市民会館　花組
演出：植田紳爾　阿古健　出演：麻月鞠緒（榛名由梨・鳳蘭）水穂葉子　美吉左久子
北原千琴　松あきら　みさとけい　上原まり　深山しのぶ

「風と共に去りぬ」　1978年5月9日～5月12日　北九州・小倉市民会館　花組
演出：植田紳爾　阿古健　出演：麻月鞠緒（榛名由梨・鳳蘭）水穂葉子　美吉左久子
北原千琴　松あきら　みさとけい　上原まり　深山しのぶ

「風と共に去りぬ」　1978年7月1日～7月30日　東京宝塚劇場　花組
演出：植田紳爾　阿古健　出演：麻月鞠緒（榛名由梨・鳳蘭）水穂葉子　美吉左久子
北原千琴　松あきら　みさとけい　上原まり　深山しのぶ

「ホフマン物語」 1978年4月1日〜4月16日 宝塚バウホール 花組
演出：菅沼潤 出演：松あきら 上原まり 北原千琴 明日香都 麻月鞠緒 みさとけい
美野真奈 邦月美岐

「ノバ・ボサ・ノバ」

写真：毎日新聞社 / アフロ

舞台……素晴らしき生きざま

三國連太郎対談

※二見書房発行「アルバム安奈　淳」（1979年）巻末特別企画より転載
（1977年2月20日　ディナーショーのあとで　東京　パレスホテルにて）

安奈　私、ちっちゃいときから、ちっちゃいときなんて申し訳ないけど、ファンでして（笑）
三國　そうですか、どうも（笑）私、今日が初めて、あぁいうショーを観たのですが、私たちの芝居っていうのは、100円とか200円とか300円とか、非常に庶民的な部分での接点が多いものですから。今日の会場は、素敵な上流階級の人ばかりで、戸惑っちゃいました（笑）
安奈　そんな（笑）いや、宝塚っていうのは、庶民的ですよ。ずっと観ていただければ、お分かりになりますけど。あぁいうショーは、初めてご覧になるんでしょう。
三國　ええ、初めてです。また劇場でのときとは雰囲気が違うでしょうね。
安奈　違いますね、もっと庶民的ですからぜひいらしてください（笑）
三國　ええ。
安奈　今のお仕事は、もう終えられたのですか？
三國　いや、まだ終わってはいませんが……。
安奈　私、父から聞いたのですが、『八甲田山』というお仕事、雪の中で大変な撮影なさっていらっしゃるって、「宝塚グラフ」で拝見しました。
三國　そうですか、『八甲田山』は一週間位前に終わったんです。そのアフレコが今日少し残っていましてね。
安奈　そうなんですか。
三國　そのほかに、妙高でもうひとつロケをしているんです。
安奈　それは、まだ終わっていないのですか？
三國　25日位ですかね。
安奈　寒いでしょ、雪の中で？
三國　氷点下20度ぐらい（笑）
安奈　うちの祖父の家が戸隠なんです。あの辺は寒いですからね。
三國　あまりよく知らなかったので、とても気楽な気持ちでスプリング着て行ったんですよ。そしたら山の上は八甲田山より気温が低いんでね。
安奈　そうですか。
三國　びっくりしました。
安奈　だから本当に大変だなと思います。舞台と違って水を被ったりなさるでしょ。
三國　凍らしてね。
安奈　凍らして!?　あの何ともないですか、それで！　カイロか何か。あぁカイロなんか入

れてないわね（笑）

三國　よほど冷えたりしますと、カイロを入れますけど、あまりにも冷えると台詞が喋れなくなるんです。

安奈　口が凍っちゃうでしょう？

三國　凍るんですよ。

安奈　しもやけなんか、できません？

三國　しもやけより下手すると凍傷になります。

安奈　私なんか舞台で雪の場面やっても、汗びっしょりかいているでしょ。舞台しか知らないですから、映画の大変なことは分かりませんけど、舞台はどんなのに出られましたか？

三國　舞台は『風と共に去りぬ』のお父さん役を。

安奈　そうですか。

三國　あとは歌舞伎を扇雀さんとご一緒に。

安奈　歌舞伎もですか！

三國　えぇ。歌舞伎スタイルの芝居ですが。あと、まぁ新劇みたいなこともやりますよ。

安奈　あのぉ、踊ったりなんかは、なさらないんですか？

三國　すごくリズム音痴でしてね。私の芝居はすべてリズム音痴から出てくるんです（笑）

安奈　いや、またそれが独特のリズムになっているんじゃないですか。

三國　さっき歌を聴きましたが。

安奈　もう、今日は練習不足でねぇ、さっきまで譜面を見てあぁでもない、こうでもないってやっているんです。いつもいつもドキドキしながら。

三國　僕らはちょうど越路さんたちの時代ですから、あの人たちの物しか観たことがないので、正確には宝塚がどういう物なのか分かりませんけど、でも越路さんのような方が生まれる素地、土台を持っていることは分かりますね。

安奈　みんな、本当に好きでやっているんです。商売としてやっていないので、それがプロ意識に欠けることになる部分があるんですね。それがまた、宝塚のいいところですけど。

三國　でも外に出ていく場合は違うでしょ？

安奈　ええ、それはそれなりの覚悟で行きますからね。今年は6月の帝劇に長谷川先生とご一緒に出させていただくんです。宝塚に在籍しながら出るんで、過保護ですから気は楽ですが、でも外へ出るというのは大変でしょうね。

三國　僕なんか、越路さん見ると〝もう死ぬんじゃないか〟と思うくらい絶唱しているでしょ。素晴らしいですよね。安奈さんの歌は、今日初めてお聴きしましたが、なかなか素敵だと思いましたよ、オクターブが高く。
安奈　声がですか？
三國　歌がです。
安奈　でも男役なんですよ。
三國　何というのかな、私は絶唱というのが最高の魅力じゃないかと思うんですよ。
安奈　そうですか（笑）私、歌が一番好きなんです。
三國　でも芝居も同じだと思いますよ。吹っ切れるっていうことがやっぱり大事ですね。
安奈　私、映画の事はあまり知りませんけど、テレビはまた何か違いますね。
三國　えぇ。
安奈　あの絶唱というか熱演というか、とても感じますね。その役に、そこまで入っていいかと思う極限まで入っていて、まるで乗り移っているみたいですね。
三國　あぁ、僕のことですか（笑）見方には色々とありますが、ただ僕にできるのはテクニックとか、技術的な物は次元の低い物で、やはりそこから抜け出していって絶唱してのどが切れたら、それはそれでいいんじゃないかと。決してデカダンスな意味でなく考えています。僕、あなたの歌を聴いてやはり絶唱のできる方ではないかという気がしました。
安奈　もう舞台に出て歌っていると、全部忘れてしまって、辞められないですね。
三國　自分の生きざま、自分の主張ができるのは、舞台か映画しかないですよ。ぜひ、今度あなたの舞台を観せていただこうかな。
安奈　良い舞台のときに（笑）あの、この間、芸術祭の優秀賞を頂いた作品があるんです。『ノバ・ボサ・ノバ』っていうミュージカル・ショーなんです。全部、黒塗りでもちろん男役ですけど、あれを観ていただきたかったわ。
三國　ほう。
安奈　本当にのどが切れるんじゃないかと思うくらいだったんです。あれを観ていただきたかった。
三國　そうですか。
安奈　私、絶対忘れられないのが、『わが父北斎』をおやりになったときなんです。あの作品が好きなんです。
三國　そうですか、あれ〝イタリア賞〟か何かもらったんですよね。

安奈　そうです（笑）映画はよくご覧になりますか？

三國　そうですね。評判のいい物は観ます。でもあんまり観ると影響されるんでね。影響されるのは好きじゃないんです、僕は。できるだけ観ないようにしておりますけど。

安奈　私は映画が好きで、女流映画監督になりたかったんです。映画はなるべく観るようにしていました。昔のフランス映画は白黒ですけれど、今のは色彩感覚が豊かで、それが舞台に通じますから、私の場合はすごくいいですけどね。

三國　傾向としてはどんなのですか、例えばフェリーニとか。

安奈　フェリーニが一番好きですね。

三國　フェリーニね、女性的な演出ですね。日本では？

安奈　『砂の器』の野村さんですかね。それに『津軽じょんがら節』の……。

三國　斎藤耕一君ですね。

安奈　えぇ、あの方はいいですね。

三國　感覚がいいですよ。僕は2本やっているんです。ショーケンさんと演った『約束』と、もう1本。

安奈　あの『八甲田山』という作品は、いっぱい亡くなられるんでしょ？
三國　そうですね。１９９人。
安奈　　生き残った方は？
三國　11人なんですけど。日露戦争に出されて、ほとんどが死んでしまうんですね。当時、あの事件を知られては都合が悪いので、そうしたのでしょうね。ですが一人だけ生き残っていて、それが緒形拳さんの役でして。それで戦後にこの事件が暴露されたんです。
安奈　すると、亡くなられる役ですか？
三國　僕は最後に自殺する少佐の役なんです。大隊の責任者で。
安奈　凍死するっていうのは気持ちいいんですってね。
三國　もう、すやすや眠るがごとく死ぬんだそうですね。
安奈　一番きれいな死にかたですって。
三國　そうだそうですね。八甲田に行きましたとき、遭難した高校生の話しをしてくれましてね。もう透明なガラスのようになって、たたくとカンカンって音がするそうですよ。
安奈　そうですか。血液もすべて凍ってしまうわけですし、冷凍人間ですね。
三國　そうですね。

安奈　戻したらよみがえるといいですのにね。
三國　本当ですね。
安奈　ロケーションで方々へ行かれるんですねぇ。海外はどうですか？
三國　えぇ。僕は飛行機が嫌いなんで、なるべく行かないようにしているんですがね（笑）
安奈　どんな所が一番多かったですか？
三國　そうですね、一番多かったのは中近東、あとはヨーロッパですね。
安奈　ロンドンは？
三國　行っていませんね。
安奈　私はロンドンがよくて、よくて。パリとロンドンへ行ったら、まずは動物園へ行くんですよ。
三國　ほう。
安奈　動物はお好きじゃないですか？
三國　動物は僕、犬しか飼ったことがないですね。
安奈　私も犬しか飼ったことがないです（笑）
三國　僕が家を売ってしまって、アパートを転々としていたときなんですが、それでも内緒でコリーを飼っていたんです。その上、あのゴンチャン、上月さんのところにシープドックが生れたのを1匹もらって、アパートの中で一緒に暮らしていたんですよ。ほかから苦情が出まして追い出されちゃったんです（笑）

安奈　うちは雑種しか飼ったことがなくって、それも拾ってきた犬ばかりで。今いるのは、まだ目も開いていないとき、妹が拾ってきたんです。もう17年になりますけどね。

三國　ほう、ずいぶん長生きですね。

安奈　17年たちますと、もう寿命だと思うんですけど、後ろ足がもう全然駄目ですね。ヨボヨボですし、歯がおおかたないし、耳も聞こえませんしね。

三國　じゃぁ、長くないでしょうね。

安奈　えぇ、でも食欲だけはあるんですよ。

三國　動物は元気なときはいいですけど、最後のときが嫌ですね。

安奈　つらいですね。17年も生きているともう老衰でしょう。いつ死ぬかと思って。一度死にかけたことがあるんですよ。1週間位、水しか飲まなくて、父が近所の動物霊園を予約して、大工さんに棺桶を作ってもらって、それが出来上がってきた日に、ポテトサラダをちょっと食べさせたんです。そしたら元気になっちゃって。棺桶作るとそういうことあるんですってね。棺桶見て意地になって生きる気になったのかなって（笑）妹は結婚していませんし、私も出かけてばかりでしょ。両親は犬がもう子どもみたいなんです。私より両親が悲しむだろうなと思うと、つらいですね。

三國　そうでしょうね。あなたは感覚的に非常に激しいでしょう!?

安奈　気性が激しいですね。いのししの典型なんですって。

三國　僕とひと回りかな、ふた回りかな？

安奈　えっ、いのししですか？

三國　やはりふた回りか（笑）

安奈　もう典型的なんです。頑固ですしね。気性は激しく好き嫌いが強く、もう自分でもどうしようもできないんです。人気商売なのに、愛想が悪くて駄目なんですよ。今さら愛想をよくすると気持ち悪いって言われるんですよ。

三國　でもこうして拝見していますと、オカルト的な雰囲気もありますよ。

安奈　そうですか（笑）

三國　血液型は何型ですか？

安奈　B型です。三國さんは？

三國　僕はAB型です。
安奈　AB型って感じピッタリ（笑）
三國　そうでしょう。

安奈　あの、絵はお描きになりますか？
三國　昔は描いておりましたが、今はもう役づくりの参考にする程度で、全然描きません。あなたはお描きになるんですか？
安奈　えぇ。画家にもなりたかったんです。ちっちゃいときのノートを見ると、字よりも絵の方が多いんですよ（笑）
三國　今でもお描きになるんですか？
安奈　えぇ時々。趣味が多すぎてあっちこっち神経が行っちゃうから、みんな中途半端なんです。嫌なんですけどしょうがないですよね。お稽古に時間を取られますし、舞台のあるときは早く寝ちゃいますし、やりかけでも途中でほっぽらかしちゃうし。
三國　僕はそれでいいんじゃぁないかと思いますよ。絵を描き始めたら、それだけって事じゃなくって、描きたいときに描く、イタズラ書きしたければするような、そんな生きざまっていうのは、とても大事なんじゃないかと思うんですよ。だって人間に基本的に約束付けられているのは死刑執行だけですからね。その日を待っている生きざまだから、それでいいんじゃないですか?

安奈　すごく焦ってしまって。何かあっという間に過ぎてしまったでしょ。

三國　自分の生きざまは自分で決めると言うことですよね。いくら勲章をもらおうと、どんなお金持ちになろうと、それは永遠じゃない。一瞬の幻にすぎないわけですよ。そういう意味で、人間はみな同じ所に立っていると思いますね。正確に時は刻まれていく。誰にも平等に……。

安奈　お話をうかがえて本当によかったです。

三國　宝塚を出た方とは時々ご一緒させていただくんですが、乙羽さんや越路さんは、開き直っているわけではないけれど、これが私のすべてと出されるものが僕にはすごい美しさに見えるんです。歌で人を感動させる者は、さまではなく、あなたの内臓そのもののような気がするんですけどねぇ。

安奈　どこかにその人の熱を感じさせることは大切ですよね。でも熱演ばかり見えてはいけないでしょう!?

三國　そうですね。熱演もひとつの作り物ですからね。色々な舞台を観て、観客へのへつらいもまったくなく、生き生きと舞台を務めているという人がいるんですね。日本には少ないですけどね。エネルギッシュな物を感じるけど、その裏にあるこびをも感じてしまうという人がいますが、上手い人はそれを出さないですね。それは熱演ではなく、そこに誰々がいたという実在感の素晴らしさですよね。

安奈　それもやはり計算しているわけでしょ。その計算の度合いがすごく難しいですよね。

三國　上手い人の舞台を観ていると、袖にいる間は計算して計算して、一歩舞台に出ればその計算されたものがすべてなくなっているんですね。この前、日生に来たオペラ歌手が……。僕は固有名詞に弱いんですけど。怖がって舞台に出られないでいるんです。それを奥さんが一生懸命押し出しているんです。出なきゃ駄目って（笑）

安奈　ウワッ（笑）

三國　それくらい、自分の舞台に対して命懸けなんですよね。で、出ちゃったらすごい。テクニックを土台にして、しかもそれを乗り越えている。素晴らしいなぁ。あぁでなくてはと思いました。

安奈　素晴らしいお話ですね。でも、まさか三國さんにお会いできるとは思っていませんでした。恐れ多くて実現しないと思っていましたから、今日はあがりっぱなしで（笑）

三國　いや僕こそ、ご連絡いただいたときは、何かの間違いではないかと（笑）かえって安奈さんのマイナスになるんじゃないかと、そればっかり気にして（笑）

安奈　そんな、とんでもないです。本当にありがとうございました。

さいごに

以前本に書いたりもしましたが、私は大病を何度もして、今こうして55周年を迎えるなんて、ベッドに横たわっていた頃の私を知る人には信じられないんじゃないでしょうか？　病気をしてから考えたこと、いくら言葉で理解してもやはり人生経験、体験して初めて分かることがあるなと。

病気している間声が出なくなり何度も引退を考えました。

でも人間の身体は不思議なもので、体調が良くなり、ボイス・トレーナーの先生について訓練するとまた声が出るようになるんですね。

ステージに立つと「あぁ、私はお客さまの力で生かされている」と思うことがあります。

聴いてくださる方がいる、感動したり、涙されたり、元気になってくださるお客さまがいる。

そんなお客さまの気持ちが私の生きる原動力になっています。

希望になっています。

今は目が悪くなり、実はお客さまのお顔はハッキリとは分かりません。

でも舞台に長く立っているからでしょう、空気が本能的に分かるんです。


私の場合、歌に対してそれほど情熱があるわけじゃないんだけど、私は「このために私は生きている」と思える瞬間があるんです。

「これがなくなったら私は生きている意味がない」

今私は心臓に疾患を抱えていまして、いずれは手術しなければなりません。

休まねばなりません。

でも必ずや復活して、人生の終わりまで歌い切らないと、そう思っています。

歌うときに自分に飾りを付けて重くなるのは嫌です。

シンプルにストレートに思いを伝えたい、歌いたい。

先日、テレビを見ていましたら、100歳の方が何人も異口同音に「生きてきて100年あっという間でした」とインタビューでお答えになったんです。

私にとってもあらためて振り返るとあっという間の72年です。

人生は一度きりです。

残された人生悔いのないように生きたい、悔いのないように歌い続けたい、そう思っています。

※この章は聞き書きとなります。

「ニューヨークのアンティークショップで、このテディベアを買いました……確か26歳のときかな。トランクに無理やりいれて持って帰ったせいか、首が曲がってしまいました（苦笑）。でも、ずっと大切にして、今はリビングのソファに置いています」

「安奈淳スタイル」発刊にあたり

音楽プロデューサー　高橋正人

歌というのはある意味、言葉の芸、どちらが大事ということではなく不即不離なものだ。

「ガ行」の鼻濁音も自由に操れぬ歌手も多い昨今、私は安奈淳の歌の魅力に今さらながら虜となっている。

いや今まで評論することがなかった自らの不明を恥じている。

アーティスト安奈淳の歌は燃える氷であり、凍れる焔というべきもので、その表現、細部の抑揚、緩急の照り翳りに私たちは彼女の深遠な人間性を見る。

付け焼刃の大袈裟な表現もなく、枯淡の中で彼女が物語の世界に自ら身を投じるとき、その表現はその舞台、ステージでおのずから異なってくる。

安奈淳のさまざまな歌をさまざまな場所で聴くたびに私たちはいろんな人生を見ることができるのだ。


これは先回の公演時に私が安奈淳さんの歌の魅力について評したときのものだ。

ちなみに、私は安奈さんと仕事をするようになってからまだ5年しかたっていない。安奈さんが過ごしてきた55年の芸能生活のほんの一部分だけだ。大変な病を抱えながら過ごしてきた後半生のことは書籍化されているけれども、55年というレンジに加えて、今、そしてこれからを、安奈さんに書いていただこう、語ってもらおうという企画からこの本が生まれた。

ご自分でも綴っておられる素敵な文章に加えて、延べにして15時間、安奈さんのお話しをうかがって芸談、日々の暮らしで思われることなどをまとめた。

普段、私が接する安奈さんは、フランス人のマダムの如く、美しく、シンプルで、それでいて、「クラース」(品)と「エレガンス」にあふれている。その彼女がひとたび舞台に立つとき、さまざまな主人公になりきって歌う後ろ姿を舞台袖から見ていても、普段となにひとつ変わらない。余分なもの、デコラティブなものがない、饒舌、説教、多くのステージで私たちが無きもがなと感じるものはみじんもない。そして彼女の口から放たれる日本語の美しさ、滑舌のよさ。そのおかげで私たち聴衆は歌の世界、物語の舞台に即時にすっと入っていくことができる。今の日本のポピュラー音楽界をあらためて見渡すときに、彼女こそが至宝だと思う所以だ。

そしてシャンソンに限らずあまねく歌手、アーティストは安奈淳の歌を聴くべきだ。

安奈淳はこれからも歌い続ける。ステージに立ち続ける。

私たちに生きる孤独と、そして限りない希望を与えてくれるだろう。

例年より2週間早いという春一番が吹いたニュースが流れている佳き日に

安奈淳（あんな・じゅん）

1947年7月29日、大阪府箕面市に生まれる。本名は富岡美樹。愛称は「ミキちゃん」「おとみ」。1965年に宝塚歌劇団に入団、雪組を経て星組に移籍後、鳳蘭とのコンビが大いに注目された。1975年花組の主演男役となり、『ベルサイユのばら』のオスカルを演じ、日本中が熱狂、大ブームを巻き起こす。

1978年、『風と共に去りぬ』で退団。その後は『南太平洋』『王様と私』『サウンド・オブ・ミュージック』など大作に主演する。2000年に膠原病に倒れるも、長い療養を経て奇跡のカムバックを果たす。現在はシャンソン、ジャズなど日本のポピュラー音楽界になくてはならない歌手として活躍している。

安奈淳スタイル

2020年4月7日　第1刷発行

著　者　安奈淳
発行者　小林千寿
発行所　A PEOPLE 株式会社
　　　　〒160-0011　東京都新宿区若葉1丁目14-5
発　売　ライスプレス株式会社
　　　　〒150-0041　東京都渋谷区神南1-2-5 JINNAN HOUSE 2F
電　話　03-6721-0586

構　成　高橋正人　　制作助手　長谷川瑛未
編　集　溝樽欣二　小林淳一　山崎由美

装　丁　BOOTLEG

印刷・製本　中央精版印刷株式会社

本書へのご感想は、右のQRコードからアンケートフォームに入っていただき、
自由にお書き下さい。

ISBN978-4-909792-11-2　C0074
Printed in Japan